別冊　問題

大学入試

全レベル問題集
現代文

4 私大上位レベル

Obunsha

目次

1

評論

「『病気＝病い』とは何か」

森《もり》山《やま》公《きみ》夫《お》

学習院大学

目標解答時間　25分

本冊（解答・解説）p.16

問題文では近代医学が考える「病気」と、筆者の考える病気とが対比されている。二つの考え方をしっかり区別しよう。

次の文章を読んで、後の問に答えよ。

いまあちらこちらで私たちが歴史的転換点に立っていること、人類のあり方が大きな転換点を迎えていること、人間の考え方も大きな転換期を迎えていることが叫ばれています。こういった転換が迫られているのはあらゆる領域においてであって、（中略）病気そのものについてもっと根本的に理解を変えていかなければならないんじゃないかと思います。近代医学の中では A病気というのはまったく生物学的なもの というふうに抽象化されている。そして一般には、病気というのはまったくのマイナスである、あるいはマイナスでしかないというふうに切って捨てられているわけです。もちろん、これをプラスに評価するというのは難しいことなんですけども、もっと別な意味を病気に見いだす必要があるだろうと思います。

日本人には 1ナジみ深いお釈迦《しゃか》様という人がおりますけれども、お釈迦様が出家した動機が、生・老・病・死苦であるといわれます。生きることとの苦しみ、それから老いていくことの苦しみ、そして病気の苦しみ、死ぬことの苦しみ、そういうことをどう解決するかということに悩んで出家したといわれています。そういう視点からみますと、病気というのは人間が生きることとの意味を問い直す一つの大きなきっかけだと思えます。つまりある意味では、動物には病気はないといっていいと思うからです。もちろん動物だって2ケガはしますし、場合によってはばい菌が入って発熱するかもしれません。でもそういうのはたんなる生体の異常反応であるというふうに考えることができます。しかしB本当の意味での病気というのは人間にしかないものであって、それは人間が生物であって、しかも観念をもっている、あるいは精神をもっている、意識をもっていることから生ずるという構造をもっています。そういう存在である人間に、病気というのは固有なものであると理解されるべきだと思います。

　これを言い換えますと、人間すべてが各人固有の病気をもつということができます。いわゆる「持病」という言葉がありますけれども、あるいは「一病［ア］」なんていう言葉がありますけれども、ある意味では人間すべてが自分に固有の病気をもっている、あるいはもたざるをえない、それを「持病」と呼んでいると考えられます。ある人はたまたま肝臓が悪かったり、ある人は腎臓が悪かったり、ある人は血圧が高かったり、糖尿病だったりとか、またある人はノイローゼだったりとか、いろいろあると思いますけども、自分は絶対健康だ、死ぬまで絶対病気にかからないと思い込んでいる人はまずそんなにいないと思います。まずそういう人生というのはないと思うんですね。

　なぜかというと、人間が生きるということは古来非常に苛酷なことだったと思うからです。常にいろいろ苦しみ、人間関係とか自然との関係とか、そういう中でさまざまに思い悩んだり耐え忍んだりしながら生きてきたのが人間の生であって、そういう人間の生の苛酷さの表現として病気があると考えることができるわけです。そしてその病気の具体的あり方は、それぞれの人間の個性とか固有の生き方とかに由来すると考えられます。言い換えると病気というのはその人の生きざまの産物であるといえますし、あるいはその人の生きざまの象徴であるといえると思います。つまり「病い」というのはその人の存在の裏面的な象徴であると理解できると思うんです。そういう点で C もっとポジティブに病気というものを考えていく必要があるんじゃないか、これは一人ひとりの問題として考える必要があるんじゃないかと思います。

もう一つ近代医学のもつ根本的 3 ケッカンはその操作的治療主義にあります。病気というのはまったくのマイナスであると考えるわけですから治療というのをとにかくその病原を除去するということに限定します。病原というのは本当は人間の存在の仕方そのものにあるわけですけども、そうは考えないで、ある物質が 4 シンニュウしたからとか、物質が 5 ケツジョしたからとかいうふうに近代医学は考えるわけです。従って、治療というのは一種の操作主義になるわけなんですね。どこか悪いところだけを除去すればいいとか、悪いところだけに薬を与えればいい、不足しているものを補なってやればいいという、そういう考えになるわけです。

だけど病気の治療というのはそうではなくて、病気そのものがその人の生きざまの反映であると同時に、病気の回復力というのは本来その人の生きている生の力、生きている力の中にあると考えるべきだと思います。ある意味ではいわゆる自然治癒が本来のものであって、つまりその人の生が自然に回復する力が出てくるように状況を整えながら各人が自分の病気の意味をきちんと捉えかえしていくというのが、それが本当の意味での治療、あるいは治療という言葉が種々手垢《てあか》に汚れているとすれば「癒す」ということだと理解できるわけです。だから、（中略）医学全体が変わらなくてはいけない。病気ということに対する理解自体が変わっていかなくてはいけないということがあると思います。

㈠ 傍線部1〜5の片仮名を漢字に直して、記しなさい。

1	
2	
3	
4	
5	

2点×5

㈡ 空欄アに、もっとも適切な二字の漢字を入れて、四字熟語を完成させなさい。

2点

㈢ 傍線部A「病気というのはまったく生物学的なもの」とあるが、「生物学的な」「病気」のことを表す語句を、本文中から十字以上十五字以内で抜き出して、記しなさい（字数は句読点、記号、符号を含みます）。

5点

45

(四) 傍線部B「本当の意味での病気というのは人間にしかない」とあるが、このように筆者が考えた理由の説明としてもっとも適切なものを、次の1～5の中から一つ選びなさい。

1 人間だけが生物学的な苦しみを崇高な哲学にまで高めることができるから。
2 人間だからこそ言葉によって自分の病気を表現したり認識したりできるから。
3 人間は精神をもっているがゆえに、自分の健康の絶対性を信じることができるから。
4 人間の場合、生物としての弱さから、自分の健康に疑いをもたざるをえないから。
5 人間のみが有する、自然や人間の関係の中で起こる苦悶《くもん》の結果が病気だから。

5点

(五) 傍線部C「もっとポジティブに病気というものを考えていく必要があるんじゃないか、これは一人ひとりの問題として考える必要があるんじゃないかと思います」とあるが、病気にかかった時に、具体的にはどうすればよいのか。次の1～6のうち、本文の趣旨に合致するものには○を、合致しないものには×を記しなさい。

1 病気のことを忘れて愉快に暮らす工夫をする。
2 自分自身の生きていく力を高めるように工夫する。
3 自分に不足している栄養素を補うという方法に頼らない。
4 操作的治療によって自然な治癒力を高めようとする。
5 自分が病気にかかったことの意味をしっかりと把握する。

6　病気が現代社会の転換期の象徴であることを自覚する。

1	
2	
3	
4	
5	
6	

3点×6

／40点

［出典：森山公夫「『病気＝病い』とは何か」／『和解と精神医学』（筑摩書房）所収］

2

評論

『死なないでいる理由』

鷲《わし》田《だ》清一《きよかず》

立教大学

目標解答時間 25分

本冊（解答・解説） p.26

〈例とまとめ〉の部分を読み分け、筆者が具体例を通していいたいことを押さえよう。

次の文章を読んで、後の問に答えよ。

　もうだれも口にしない言葉だが、何かが誕生することはもともと「うまる」と言った。「生む」（産む）という他動詞に対して、「生まる」という自動詞があった。「切る」に対する「切れる」、「冷やす」に対する「冷える」、「散らす」に対する「散る」のように。それがいつからか、「生まれる」と言うようになった。

　考えてみればしかし、「生まれる」という自動詞は、「生む」（産む）という他動詞の受動形でもありうる。「生まれる」とははたして自動詞なのか他動詞なのか。言語史に(a)疎いわたしには、その間の事情はよくわからない。そこで、日本語についての疑問が湧くといつも訊《たず》ねる日本語の専門家、金水敏《きんすいさとし》氏に教えを請うた。

　金水氏の説明はこうである。日本語においては、他動詞は対象に対する働きかけを、自動詞は対象の無意志的な変化を表わす場合が多い。「うむ／うまれる」も当然、他動詞／自動詞の対として認識されているが、（中略）「うまれる」の語形は受動の語形でもある。ただし、日本語の場合、受動文は、たんに「他者の作用を受ける」という受け身の意味を表わすのみならず、それを受ける主体の感情や意志をも表現するための表現形式として発達してきた……。これを前置きとして、氏は実例をひとつあげた。

「テストの時、監督の先生にずっとそばにいられて困った。」

このとき、「いられる」という受動のかたちで、話者の[　　]感情が表わされている。あるいは、「多くの人に愛されたい」というときのように、受動形で主体的な意志を表わすことすらある。日本語において、受動文とはじつは主体性の強い表現なのであり、それゆえに、人間を代表とする有生物を主語とするというのがつねである。しからば、と次に決定的な言葉が続いた。「この点から見ると、〈うまれる〉とは、たんに〈うむ〉という行為の結果として生じる客観的な出来事というよりは、産み落とされる側のその(1)立場に身を寄せた表現であるといえる」、と。

畳みかけるように、説明が続く。

たとえば次のような表現の対を見てみよう。「うみたての赤ちゃん」と「うまれたての赤ちゃん」。わたしたちは、産む母の側に身を寄せた「赤ちゃんをうむ」という表現が使えるのに、「うみたての赤ちゃん」とは言いにくい。これは、すでに生まれている赤ちゃんのほうを表現の中心に据えたばあい、産んだ母よりも、赤ちゃんの側の主体性に着目した「うまれる」という表現がよりふさわしいと感じられるからである。このことは、次の例からも明らかである。ひとは「うみたての卵」とは言うが、「うまれたての卵」とは言わない。が、ひよこについては、「うみたてのひよこ」とは言わず、「うまれたてのひよこ」と言う。これは、卵のばあい、それを表現の中心に据えたとしても、卵に身を寄せた表現を取ることができないからだ。わたしたちは、親鳥の主体性を感じ取ることはできても、卵の主体性を感じ取ることができない。しかし、卵からかえったひよこには主体性を認めることができるので、「うまれたてのひよこ」という表現が可能となる。一点の淀《よど》みもない説明である。そしてこのあと、氏は言わずもがなという顔をしてこうつけ加えた。「そもそも親鳥はひよこを産むわけではないのだから、『うみたてのひよこ』などと言えようはずがない」、と。

「うまれる」が自動詞でありながらなぜ受動のかたちをとるのか。その答えは以上のごとくである。決定的なのは、「〈うまれる〉とは、たんに〈うむ〉という行為の結果として生じる客観的な出来事というよりは、産み落とされる側のその立場に身を寄せた表現である」という点である。つまり、ある存在をその存在のほうから見るということ。「生まれる」とは、産んでもらったという含意を強くもつ。このことをまるで純然たる自動詞のようにとらえる現代人は忘れている。〈わたし〉の存在はその出生の時点からして、与えられたものであるということを、である。それだけではない。人間はだれしも、早産というかたちで、いわば未完成のままこの世に生まれ出てくる。他の哺乳類のように、生まれてすぐにみずからの脚で立つことはできない。その生命の維持のためには、そもそもが他者による介助を必要とする存在なのである。

それだけではない。〈わたし〉の名は他者によって与えられる。わたしたちは他者から(イ)サズかった名を生きる。

さらにそれだけではない。〈わたし〉という存在の(ロ)カンバンである顔もまた他者から与えられる。顔ははじめからついているではないかと言うむきもあろうが、(2)わたしの表情は他者によって分節される。このことは、乳児を前にした母親の態度を思い起こせばよくわかる。母親は、端から見ていて恥ずかしくなるくらいに、「口を大きく動かし、頭をうなずくように振り、目を見ひらき、おおげさな身ぶりで赤ちゃんに語りかける（空間的な誇張）」、「ことばやしぐさが、スローモーションをかけたように、ゆっくりになる（時間的な誇張）」、「笑い、驚き、眉をしかめる（情緒的な誇張）」（下條信輔《しもじょうしんすけ》『まなざしの誕生』より）。このような母親の対応は、子どものなかで発生しかけている志向性にシンクロナイズし、それを増幅するというかたちで、子どもの経験や表現の分節化を助長するものであろう。子どもの潜勢的な志向性に対する母親のこうした増幅された送り返しのなかで、子どもは世界との関係をすこしずつ理解してゆく。身につけてゆく。

が、さらにさらに、それだけではない。〈わたし〉というものは、どのような他者のどのような他者でありえているかということによって決まる。〈わたし〉という存在が危機に瀕《ひん》するのは、〈わたし〉がいかなる他者の意識の宛先ともなりえていないときである。いてもいなくても他者になんの影響もおよぼすこともないじぶん、そのような存在はなきにひとしい。そうひとは感じる。愛情や好意の対象でなくてもいい、憎しみの宛先であっても、鬱陶しい対象とされてもいい、それでも他者が無視できない存在としてわたしがあるときには、〈わたし〉は存在する。が、いかなる他者にとっても関心の対象ではない存在になったとき、もはや見棄てられる存在ですらなくなったとき、ひとは(3)〈わたし〉を(b)喪う。

(A) 二重傍線部(イ)・(ロ)を漢字に改めよ。(ただし、楷書で記すこと)

(イ)	(ロ)

1点×2

(B) 傍線部(a)・(b)の読みを平仮名・現代仮名遣いで記せ。

(a)	(b)

1点×2

(C) 空欄 □ にはどのような言葉を補ったらよいか。左記各項の中から最も適当なもの一つを選び、番号で答えよ。

1 怒りの　2 控えめな　3 あいまいな　4 被害の　5 あきらめの

□

3点

(D) 傍線部(1)について。その説明として最も近い意味を表すもの一つを、左記各項の中から選び、番号で答えよ。

1 弱さを気遣う表現　2 主体性を認めた表現　3 成長を期待する表現
4 未来を懸念した表現　5 誕生を祝福する表現

(E) 傍線部(2)について。その説明として最も適当なもの一つを、左記各項の中から選び、番号で答えよ。

1 相手によって一つひとつの表情が創られること
2 表情と行為が明確に区分けされること
3 自分の表情にそれぞれの名前がつけられること
4 相手の表情と自分の表情を区別すること
5 自分の表情に相手が意味を与えること

4点

4点

(F) **傍線部(3)について。ここで言う〈わたし〉の内容と合致するものを1、合致しないものを2として、それぞれ番号で答えよ。**

イ　他者によってうみ出され、他者によって無化されるわたし

ロ　受動的でありながら志向性を抱き、世界に関わっているわたし

ハ　生まれたときから高齢になるまで他者の介助を必要としているわたし

ニ　他者によって意味のある対象とされ、関与されるわたし

ホ　他者によって表情や感情などを形成されている他者としてのわたし

イ	ロ	ハ	ニ	ホ

2点×5

(G) **左記各項のうち、本文の内容と合致するものを1、合致しないものを2として、それぞれ番号で答えよ。**

イ　日本語において受動文は主体的意志や感情を表すことがある。

ロ　人は人間関係の中で誕生し捨て去られていく。

ハ　哺乳類は人間を含めて早産で誕生する。

ニ　一般的に私たちは産む側の立場に立って認識している。

ホ　私は他者の関心の対象となることで自分の存在を確認する。

イ	ロ	ハ	ニ	ホ

3点×5

［出典：鷲田清一『死なないでいる理由』（角川学芸出版）］

／40点

3

評論

『情報行動』

加《か》藤《とう》秀俊《ひでとし》

明治大学

目標解答時間 20分

本冊(解答・解説) p.36

ことばと人間、人間と世界との関係を読みとろう。

次の文章を読んで、後の問に答えよ。

夏目漱石の『吾輩《わがはい》は猫である』の書き出しの部分には、有名な「吾輩は猫である。名前はまだない」という一節があるが、ネコの世界には、名前がないのである。ネコは、環境の一部に、たとえばイワシだのカツオだのという名前をつけているわけではない。ネコは、その嗅覚だの視覚だのによって、食べものの存在を、実在として識別できるとしても、1ネコにとって、環境とは、無言の実在世界そのものなのだ。ましてや、みずからに名前をつけることなど、ネコには、できた相談ではない。ミケとかタマとか、人間が勝手につけた名前を、ひとつの信号音としてききとることはできるだろうけれども、それがじぶんの名前である、などとネコが自覚しているわけではないのである。

人間は、まさしく、ことばを獲得することによって、実在世界から離脱したのである。われわれは、たとえば、山をみたり、花をたのしんだり、というときには、2「もの」の世界とかかわりあっているのだ、と主観的にはかんがえる。しかし、山には、すでに山という名前をあたえられている以上、もはや、素朴な実在ではない。人間は、たしかに山をみる。だが、それは、人間のあたまのなかにある「山」というシンボルをいったん通過したうえでの行動なのである。野に咲く一輪の花をみても、われわれは、それをタンポポだ、と識別する。われわれの精神のなかには、タンポポだとか、スミレだとか、かぎりなくたくさんの「名前」が、「概念」として蓄積されており、その概念を経由してでなければ外界の事物の認識ができないのだ。われわれは、タンポポという名で呼ばれる花をみるのであって、虚心にその植物じたいをみるのではない。よしんば、タンポポという名前は知らなくても、それを、「花」の一種としてみてしまうのである。名前も、観念もない、無心なすがたで人間が X 的な実在としての環境に向きあうことができるのは、おさない子どものころ以外にない。

とにかく、これまで一万年ほどの人類の歴史のなかで、われわれは、環境のすべての部分に名前をつけ、概念化を進行させてしまったのである。ラフカディオ・ハーンの『怪談』に登場する「耳なし芳一」は、悪霊から身をまもるために、からだの隅々まで呪文をいれずみのように書きこんだが、われわれをとりまく環境のすべては、いま、ぎっしりとことばで埋めつくされているかのようにもみえる。空にかがやく無数の星は、天文学の発達によって、順々に記録され、特定の固有名詞だの番号だのによって呼ばれるようになった。いま、人間によって名前をつけられていない星は、ひとつもない。もちろん、すべての星が発見されているわけではなく、毎年、いくつかのあたらしい星が見つけられている。しかし、見つけられたとたんに、人間はその所在を記録し、名前をつけてしまう。文学的ないいかたをするなら、いまや天上には、いささかのすきまもなく、ことばが書きこまれ、われわれをとりまく巨大な環境としての宇宙すらもが、完全に概念化されてしまっているのである。

地球そのものも、ことばによって塗りつぶされた。一五世紀以来の「発見の時代」は、まず第一に、地球がまるいことを発見し、つぎつぎに大陸や島を発見した。手あたりしだいに名前がついた。太平洋にちらばる無数の島は海図に記載され、アフリカや南アメリカの内陸部ふかくにはいりこんだ探険家や地理学者は、それまで空白だった地図のうえに、いろんなことを書きこんだ。いまや地球上のすべての場所は、それぞれに名前をもたされてしまったのである。名前のないものは、いまわれわれの環境のなかにはひとつもない。ひとつひとつのものやできごとに、われわれは丹念にことばのレッテルを、びっしりと貼りつけてしまったのである。3 地球ぜんたいが、巨大な「耳なし芳一」なのだ。いや、「耳なし芳一」は、耳だけに呪文を書き忘れたために、耳がなくなってしまったのだが、地球の表面には、もはや書き忘れられた部分は、なにものこっていないようにみえる。

シンボルの世界は、実在の世界のうえにかぶさった ア 密度の高い皮膜のようなものなのだ、といってもよい。そして、その皮膜は、それじしんの運動法則を獲得した。いっさいの実在に、いっこうにかかわりあうことなく、シンボルの世界は自由にその独自の運動をはじめる。ひとつの花にタンポポと名前をつける、といったようなばあいには、実在と名前ないしシンボルとのあいだに対応関係があるけれども、同時に人間は、非実在的な概念をも続々とつくりはじめた。たとえば、「神」の概念などがそのいい例だ。われわれは、神というものを実在として知覚し、あるいは認識することはできない。神というのは、人間の頭脳がつくりだした抽象的で Y 的な概念だ。それは、実在の世界から完全に離脱してしまっている。しかし、それにもかかわらず、われわれは神についてかんがえ、神についての理論体系をつくることもできる。

マンガ映画によくあらわれるギャグのひとつに、人物がガケのあるのに気づかず、空中を遊歩する、という場面がある。それまで地に足をつけて歩いてきた人物は、ガケにさしかかっても、足もとに地面がなくなったことをすっかり忘れて、そのまま空中を歩きつづけるのだ。そういうばあい、その人物はふと足もとを見て、足が地についていないことを発見し、その瞬間に、まっさかさまに谷底に落ちてゆくのである。われわれにとって、シンボルというのはそれに似ている。いつのまにか、対応する実在がなくなっているのに、ことばのほうは、どんどんと中空を歩きつづけ、すこしもたじろいだりしないのである。たじろがないから谷底におちることもない。われわれは、ことばをつかうことによって、4堂々と空中を闊歩《かっぽ》しているのだ。

カッシラーは、こういう――

「人間は〝物〟それ自身を取り扱わず、ある意味において、5つねに自分自身と語り合っているのである。彼は言語的形式、芸術的イメージ、神話的シンボル、または宗教的儀式のなかに、完全に自己を包含してしまったゆえに、人為的な媒介物を介入せしめずには、何物をも見たり聴いたりすることはできない。」

「人間はイ固い事実の世界に生活しているのではなく、彼の直接的な必要および願望によって生きているのではない。彼はむしろ、［Z］的な情動のうちに、希望と恐怖に、幻想と幻滅に、空想と夢に生きている。エピクテトスはいった〝人間を不安にし、驚かすものは〈物〉ではなくて〈物〉についての人間の意見と想像である〟。」

人間は、ことばによって環境を知る、というのは、ある意味では正しいが、ある意味ではまちがっている。なぜなら、人間にとっては、すでに、ことばじたいが環境であるからだ。われわれにとっての環境とは、べつなことばでいえば、シンボル環境なのである。われわれは、シンボルにたいして鋭敏に反応する。「実在」の世界になまのままのかたちでわれわれがかかわりあうことは、すでに現実的に不可能になっているのではないか。実在の物理的環境のことを一次的環境、シンボル環境のことを二次的環境、と呼ぶ学者もいるが、われわれは、ことばを獲得することによって、ウ一次的環境の住民であることをゆるされなくなったのだ。

シンボルは、実在の世界と人間とのあいだにエ打ちこまれたクサビのようなものだ、といってもいいだろう。

そのクサビによって、人間が環境に向きあう姿勢は、他の動物たちのそれとは、まったく異質な高まりをみせた。しかし、それだけに、人間は、ときとして、みずからが実在とよそよそしい関係に置かれていることに不安と不満を感じたりもする。たしかな実在と、直接にかかわりあいたい、という欲求が、そんなときうまれたとしてもふしぎではない。石原慎太郎が初期の作品でえがこうとしたのは、そういう欲求を実現しようとする若者たちのすがたであった。無言のうちに、ただ肉体だけがはげしくぶつかりあうボクシング、荒れ狂う海とむきあうヨット——そこでは、実在と人間とのあいだにあるシンボルがかなりの程度まで脱落する。

しかし、**6**皮肉なことに、そういう状況をえがく小説という形式じしんが、もっとも高度に洗練されたシンボルの集積なのであった。**オ**非シンボル的な世界について語るためにも、われわれはシンボルを使用しないわけにはゆかないのだ。われわれは、どんなにしてみてもシンボル環境から抜け出すことができないようなのである。

注 石原慎太郎……作家、元東京都知事。若者たちの生態を描いた『太陽の季節』で、一九五六年に第三十四回芥川《あくたがわ》賞を受賞。

問一 空欄 X ～ Z に当てはまる言葉として、最も適切なものを次の中からそれぞれ一つずつ選べ。

A 物理　B 論理　C 想像　D 超越

X	Y	Z

3点×3

問二　傍線部1「ネコにとって、環境とは、無言の実在世界そのものなのだ」とはどういうことか。最も適切なものを次の中から一つ選べ。

A　動物は、自分自身に名前をつけることすらできない、ということ。

B　動物は、鳴くことはできたとしても、ことばを話すことはできない、ということ。

C　動物は、周囲の世界をことばによって認識することはできない、ということ。

D　動物は、ことばによる呼びかけに答えることはできない、ということ。

4点

問三　傍線部2「『もの』の世界」と同じ内容のものを、二重傍線部ア～オからすべて選んだ場合、適切な組み合わせはどれか。次の中から一つ選べ。

A　**ア**「密度の高い皮膜」――**ウ**「一次的環境」――**エ**「打ちこまれたクサビ」

B　**イ**「固い事実の世界」――**ウ**「一次的環境」――**エ**「打ちこまれたクサビ」

C　**イ**「固い事実の世界」――**ウ**「一次的環境」――**オ**「非シンボル的な世界」

D　**ウ**「一次的環境」――**エ**「打ちこまれたクサビ」――**オ**「非シンボル的な世界」

4点

問四　傍線部3「地球ぜんたいが、巨大な『耳なし芳一』なのだ」とはどういうことか。最も適切なものを次の中から一つ選べ。

A　世界中のあらゆる場所に、それぞれ地名がつけられているということ。
B　すべての事物が、ことばによって概念化されているということ。
C　名前をつけるという習慣が、宇宙にまで拡大しているということ。
D　ことばのもつ呪力によって、世界が守られているということ。

4点

問五　傍線部4「堂々と空中を闊歩しているのだ」とはどういうことか。最も適切なものを次の中から一つ選べ。

A　ことばによって実在の世界から遊離しながら、そのことに気づかず平然と生活しているということ。
B　実在の世界に触れられないことに不満を抱きつつも、ことばを使う生活に満足しているということ。
C　ことばの世界が実在と異なるということを意識せず、現実から離れた生活をしているということ。
D　考えることのできないものについてさえ名前を与え、生活を概念化してしまっているということ。

4点

問六　傍線部5「つねに自分自身と語り合っているのである」とはどういうことか。最も適切なものを次の中から一つ選べ。

A　人間は、他の人間とことばを通じてのみ語ることができるのだということ。
B　人間は、たとえひとりごとであっても頭の中でことばを用いているということ。
C　人間がこれまで恐れてきたのは、実在世界よりも人間自身だったということ。
D　人間が語ることができるのは、人間の考えた概念に対してだけだということ。

5点

問七　傍線部6「皮肉なことに」とあるが、なぜそう言えるのか。最も適切なものを次の中から一つ選べ。

A　実在環境に直接触れたいという願望も、ことばを経由せずには表現しえないから。
B　リアルではあっても小説であるかぎり、それはフィクションにすぎないから。
C　肉体同士や自然とのぶつかりあいを表現するのに、ことばはそもそも不要だから。
D　小説が実在に迫るときにこそ、実在に直接触れたいという願いが生ずるから。

5点

問八　次の中から本文の内容と合致するものを一つ選べ。

A　人間は、生まれつき概念化の枠組から逃れることができず、実在世界そのものを見ることはできない。

B　文学の仕事は、人が知覚するものすべてに名前をつけ、環境全体をことばによって覆い尽くすことである。

C　ことばが環境を埋め尽くした現在、われわれはすべての実在をことばによって把握することができる。

D　対応する実在があるように見えることばでも、実在をそのまま写しているということはありえない。

5点

40点

〔出典：加藤秀俊『情報行動』（中央公論社）〕

4

評論

『グローバリゼーションとは何か』

伊《い》豫《よ》谷《たに》登《と》士《し》翁《お》
中央大学

目標解答時間 25分

本冊（解答・解説） p.48

「われわれ」＝ネーションと、グローバリゼーションとの関係を読みとろう。

次の文章を読んで、後の問に答えよ。

人々が地球的な規模で交流するようになるということは、もう一方で「われわれ」という範囲を明確な境界によって確定する時代になったことでもあります。ここで「われわれ」というのは、これまで一度も会ったこともなく、何ら共通した接点を持ちえなかった人々が、共通した祖先・神話のようなある経験を共有していたかのごとくに想像される範囲の人々のことです。もちろん、こうした「われわれ」のなかに、(1)にはるか昔に遡《さかのぼ》って起源を求めることができる共同体あるいは村、族などと呼ばれる集団が存在したことはあるでしょう。また、帝国といわれる国家が存在したことも間違いありません。

しかしながら、「われわれ」という集団が、最初から、共通した帰属意識を共有してきたわけではありません。近代という時代においては、共通の言語・国旗や国歌・モニュメントや神話、歴史や文化などの、帰属意識を作りだす装置が、大きな意味を持つようになったということです。移民は、こうした帰属意識が生まれる一つの事例です。移民は、しばしば外国に渡って初めて、お互いに同郷の出身者としての帰属意識を持ったといいます。そして同郷出身者の集団が相互扶助的なコミュニティを形成し、そのことが、今度は母国のナショナルなアイデンティティを構築するのに大きな役割を果たしたのです。

さらにいえば、ある集団が、［(2)］に厳密に範囲を設定できるわけではなかった。むしろ、曖昧な領域に多くの人々が存在したのです。こうした曖昧な領域に境界を設けて、「われわれ」の範囲を暴力的に画定したのが近代国家です。しかも「われわれ」の範囲は、必ずしも、言語や習慣や宗教などの共通性によるものではありません。むしろ、(3)境界の画定の過程で、共通の言語や共通の祖先などの神話が創りだされたのです。明示的であれ［(4)］であれ、外からの恐怖によって生みだされた共通の敵に対して、集団意識が強化されてきたのです。こうした「われわれ」は、ネーション（国民）と呼ばれます。その意味で、近代こそが、それ以前のさまざまな制度や規範を押しつぶし、組み替えて、他者との差異化を導入したのです。あるいは共通経験を共有してきたと想像され、創造されるのです。

しかしながら、ネーションが想像の産物だからといって、それが権力を持たないといっているのではありません。むしろ想像であるがゆえに、そして日々想像され続けることによって、柔軟に変化し、権力は維持され強化されてきたのです。現代のナショナリズムを理解する鍵はこの点にあります。グローバリゼーションの時代において、ネーションの柔軟性（フレキシビリティ）や再帰性（リフレキシビリティ）は、明確になったと考えられます。すなわち時代の変化に適合するとともに、時代の(5)ヨウセイを取り込んできたのです。それゆえに、国民国家が想像であるといっただけでは、ナショナリズムを批判したり、克服したりしたことにはならないのです。「われわれ」と他者とを分離し続ける、それが想像の共同体としての国民国家であるわけです。

重要なのは、多様な帰属のあり方がネーションへと一元化されて、「われわれ」と他者へと分割されてきたということです。あるいは人々の多様なアイデンティティにおいて、ナショナル・アイデンティティが特別の位置を占めるようになったということです。しかも実際には、どの範囲までを「われわれ」にするのかは、かなりの程度恣意的あるいは偶然であったのですが、そこに暴力的に境界が設定されたのです。さらに、境界に置かれた人々は、自立するのか、どこに帰属するのか、自由に選択しえたわけではなかった、という点です。ネーションから免《まぬか》れる道は、残されていないのです。（中略）

「われわれ」という範囲は、そのなかの多様な習慣や規範を一律に均質な空間へと転換してきました。境界に置かれた人々は、否応《いやおう》なく、(6)に「われわれ」に編入、あるいは「われわれ」から排除されたわけです。それにもかかわらず、国境という形で境界が引かれて、(7)イッキョにあるいは徐々に範囲が決められることになりました。もちろん、その境界は、その後の内戦や戦争などによってしばしば変更されてきましたし、周知のように冷戦体制の(8)ホウカイは、多くの新しい境界を作りだすことになったのです。

「われわれ」と他者の差異を国境によって画定するようになり、そうした境界の画定はその後に、数多くの国民国家へと分割されることになりました。近代は、交通手段の飛躍的な発展によって文字通り地球的な規模での統合化を推し進めるとともに、最終的には地球上のあらゆる地域をネーションへと分割する差異化の時代です。この統合化と差異化、(9)ホウセツと排除の過程で、人々は単一の帰属を強制され、ネーションはさまざまなアイデンティティのなかで特権的な地位を獲得したのです。近代とは、さまざまなホウセツと排除が繰り返されてきた時代であり、グローバリゼーションは、その延長上にあります。

このような境界の形成を考えてみたときに、境界を越えるという活動そのものは、むしろ境界があるからこそ、越えるという意味が生まれてくるのだ、ということになります。境界を越える移民も、国民があるから移民という現象が生まれてきたわけです。すなわち、国民国家の形成がグローバリゼーションを創りだしたのであり、グローバルとナショナルとは、グローバルな勢力が拡大すれば、ナショナルな勢力が(10)スイタイする、といったようなゼロ＝サムではない。ナショナルな境界が作られたことによってグローバルという意識が生みだされたのです。

〔問一〕 傍線部(5)(7)(8)(9)(10)のカタカナを漢字に改めなさい（楷書で正確に書くこと）。

(5)	(7)	(8)	(9)	(10)

2点×5

〔問二〕 空欄(1)(2)(4)(6)に入れるのにもっとも適当なものをそれぞれ左の中から選び、符号で答えなさい（同じものは二度用いてはいけません）。

A 強制的　B 固定的　C 潜在的
D 急進的　E 流動的　F 歴史的

(1)	(2)	(4)	(6)

2点×4

〔問三〕　傍線部(3)「境界の画定の過程で、共通の言語や共通の祖先などの神話が創りだされた」とあるが、それはなぜか。その説明としてもっとも適当なものを左の中から選び、符号で答えなさい。

A　集団を形成するには、人間同士の関係の中で互いを理解していくという過程が必要だったから。
B　集団をどのようにして維持運営していくのかという方向性を、人々が共有していなかったから。
C　言語・国旗・文化など、何に自分のアイデンティティを感じるかは重要ではなかったから。
D　帰属している集団を支えていこうとする共通の意志が芽生えるまでには時間がかかったから。
E　統一的なものを持たない人々に、同じ集団に属しているという帰属の意識を持たせる必要があったから。

4点

〔問四〕　本文中では「われわれ」という語にかぎかっこがつけられているが、それはなぜか。その説明としてもっとも適当なものを、左の中から選び、符号で答えなさい。

A　圧倒的な多数の人々を一つの概念に括《くく》っているために、かぎかっこをつけている。
B　以前から多くの人々に共有された概念であることを示すために、かぎかっこをつけている。
C　近代に人為的に境界が決められた集団であることを示すために、かぎかっこをつけている。
D　他者との差異を強調するため、特に集団の場合にかぎかっこをつけている。
E　私という個人と区別するため、特に集団の場合にかぎかっこをつけている。

〔問五〕 **次のア〜オのうち、筆者の考えに合致するものにはAを、合致しないものにはBを記せ。**

ア 近代以前にも国家はあったが、近代になってからの国家とは意味が異なる。

イ 共通の言語を持っていたことが一つの国家を形成する上で重要な要因として作用した。

ウ 境界を引くことの恐ろしさは、いったんそれを画定すると変更できなくなる点である。

エ 国民という概念は、想像の産物であるがゆえに、常に流動化の危険にさらされている。

オ グローバルという意識は、国民国家という概念が成立することによって生じた。

ア	
イ	
ウ	
エ	
オ	

3点×5

3点

40点

〔出典：伊豫谷登士翁『グローバリゼーションとは何か―液状化する世界を読み解く』（平凡社）〕

5

評論

「永遠のいのち」

西田利貞《にしだとしさだ》

立命館大学

目標解答時間 20分

本冊(解答・解説) p.60

「永遠の生」という概念を作りあげた「文化」も、それをうち砕く「科学」も、ともに人間の「脳」の「進化」が作りあげたのだということを理解しよう。

次の文章を読んで、後の問に答えよ。

科学の発達とともに、われわれの多くは快適な生活を①謳歌できるようになったが、一方では不幸になったことも否めない。なぜ不幸になったかというと、永遠の生というものを信じられなくなったからである。

㋐「永遠の生」という概念を、すべての民族がもっているのかどうか、私はよく知らない。しかし、死後も魂が残るという考えは、少なくともかなり［A］なものであろう。ヒトはあたかも、われわれの環境が不変であるかのように行動しているのは確かであり、それはわれわれの脳がそのように行動させているのである。㋑脳も進化の産物である。脳は、環境の変動がある一定の範囲にある限りにおいて有効に働くことのできるマシーンである。脳は環境の情報を収集し、分類し、統合し、貯蔵し、活動のために再利用する。脳の最高の機能は、予測である。予測というものは、現象がある一定の範囲の中で変動する限りにおいて可能になる。それでは、そういった脳が、環境を永遠だと判断する根拠はなんだろうか。

一つは、山や大きな岩など大きな自然物を見るときであろう。毎日見ているこういったランドマークが、明日も存在することを疑う理由はない。脳は、「あの山は明日もある」と予測するだろう。これは「無変化」といってよい。川もこういったランドマークの一つだが、異なる点は「水の流れ」があることだ。つねに水は流れて行くのに、流れ自体は基本的に変化しない。これは、「定常状態」と呼べる。「あの川には、明日も水が流れているだろう」という予測は容易にできる。太陽は朝東にのぼって、夕方西の空に沈む。月の運行は、その上に満ち欠けが伴う。「明日も日は昇るだろう」と予測するのは容易だ。これは、「繰り返し」の現象である。

さて、こういった「無変化」、「定常状態」、「繰り返し」の現象に気づいたら、ヒトは「永遠」という概念にすぐさま到達するのだろうか？ そうではなかろう。ヒトがその友人や家族あるいはペットや家畜の死、つまり個別化された存在の消滅を経験したときに、初めて終末のあることを、身をもって知り、逆に永遠の命を望むことになるのだろう。

哺乳類の脳のサイズは、一腹産子数、寿命の長さ、子ども時代の長さなどと相関があり、脳の大きなヒトもゾウもイルカも寿命が長く、子ども時代が長い。長い子ども時代に、生存と繁殖に役立つさまざまな戦術を身につけていく。「文化」とは、同種個体の存在が影響することによって **B** に学習する行動・態度・習慣・信念のことである。行動発達の一方の極には、遺伝子により **C** に発現するいわゆる「本能的行動」があり、他の極には個体が環境との直接の交渉によって身につける「個別学習」がある。「本能」は数万世代の間変わらない環境に適した反応であり、「個別学習」は一世代のみ役立つ行動とすると、「文化」は、数世代から数千世代に渡って変わらないような環境に役立つ反応といえよう。

ヒトは、その文化的な慣習として、「永遠の生命」という概念をうちたてた。親や子どもの生の永遠を望み、自分自身の生の永遠を望んだ。こういう概念は、個体の繁殖に役立つだろう。自然淘汰《とうた》は生存と繁殖に役立つ行動や心理を選択する強い傾向があり、文化もその例外ではないから、この永遠の生命という概念は、多くの民族によって保持されることとなった。（中略）

現代生物学は、 D という観念を完全にうち砕いた。自分の子どもといえども、自己に由来する遺伝子は五〇％しかなく、孫は二五％にすぎない。それは、たったの五世代で三％となる。もちろんこれは、血縁者同士は子どもをつくらないと仮定しての話ではあるが、五世代下の子孫は、もう自分と似ていないことは確かである。だから、系図を作って私の家系は太閤《たいこう》時代の先祖に発すると自慢しても、祖先との血のつながりは無に等しい。

クローン人間は、自己と遺伝的には同じ組成である。いずれ、大金持ちのナルシストが、科学者に依頼して、自分の体細胞からクローンをつくらせるだろう。しかし、クローン人間を、自己とまったく同じにすることは不可能である。脳の内容は長い成長の過程で蓄積されたものだからである。しかし、脳の内容もほぼ同じにするなんらかの技術が開発されたと仮定しよう。そのとき問題になるのは、クローン人間は幸福か、ということである。彼らには片親しかいないし、しかも片親はクローンなのだから、父親でも母親でもない。彼らは、個体としての自分の存在意義を疑い、クローンなるその「片親」を恨み、呪う可能性がある。クローンを所望した金持ちも、人が子どもに通常感じるような喜びをおそらくもてないだろう。愛情の形成のしくみも長い進化の結果生まれたものだからである。つまり、クローン人間は、永遠の生命というヒトの夢をけっして叶《かな》えることはないだろう。

「まあいいではないか、ヒトが地球に存在する限り、自分の名前だけは残せるかもしれない」と、政治家や②カンリョウは巨大ダムを作り、建築家は機能を無視した風変わりな建物を設計し、作家は大河小説を書き、科学者はノーベル賞を得るために大発見をもくろむかもしれない。しかし、こういった希望も、「ヒトが地球に存在する限り」という条件がつく以上、単なる慰めにすぎないのである。

そして、現代生物学の「共生説」が、ヒトの個性がよって立つ土台を完全に打ち砕く。それはヒトを含む多細胞生物というものは、バクテリアなどの単細胞生物の集合であるという仮説である。生命の起源において、一つのDNA分子が複製をはじめ、遺伝子DNAが誕生する。そのうち、一個の遺伝子がそれぞれある程度特殊化し、協力したときより多くの複製を残せるときは、分子の連合体が生じたであろう。こういったことを繰り返してできたグループが染色体である。染色体を能率よく複製するために細胞ができる。染色体はいくつかの異なった細胞を合併させて超細胞をつくる。単細胞生物の合体である。このようにして、さまざまなバクテリアから、現在みられる複雑な細胞が形成されたと考えられる。こういった細胞が集まって、ヒトをはじめ、動物や植物や菌類ができたのだ。いわば、バクテリアの集合体が、情報収集処理器官として脳をつくり、それが異常に発達して、バクテリア集合体の生存と繁殖を確保するようになったのがヒトであるとしたら、皆さんの③生甲斐はどうなるのだろうか。

そのとき、永遠の生命の拠《よ》り所である「自己同一性」そのものが失われるのである。自己の存在自体が怪しければ、永遠なぞ意味はないだろう。ヒトそのものを還元すればそういった実態に行き着く可能性は高い。実際、水素原子と酸素原子の挙動から、水の性質を推測できないように、部分が集まれば、部分の総計とは異なる現象が生じることはよく知られている。つまり、バクテリアの総計がヒトなのである。

こうして、現在の科学は、生命というものは、まったく無意味であることを教える。それにもかかわらず、われわれはあたかも未来に希望があるかのようにあくせく働き、恋をし、子育てをし、ローンを借りて家を建て、どうせ死ぬのに病気を治す。なぜ、絶望しないのだろうか？　われわれの脳は、個体がその生存と繁殖に役立つ行動をとるとき、幸福と満足を与えるように進化したのだ。脳は、栄養のある食物をうまいと感じる味覚を発達させ、異性を美しい、子どもを可愛いと感じさせる④シンビ感を進化させた。脳は、数千万年にわたる進化の過程で、こういった機能を発揮させるようになったのだ。一方、死について考えるようになったのは、せいぜい数万年のことである。結局は、㋒現代の絶望は、石器時代の楽観主義によって救われているのだろう。

問1　傍線部②・④のカタカナを漢字に改めよ。

②	④

2点×2

問2　傍線部①・③の読み方をひらがなで書け。

①	③

2点×2

問3　[A]～[C]に入れるのに、最も適当と思われるものを、それぞれ次のなかから一つずつ選べ。ただし同じものを繰り返し用いてはいけない。

1　後天的　　2　自動的　　3　普遍的　　4　個別的　　5　主観的

問4　傍線部㋐「『永遠の生』という概念」が生まれるきっかけとなるのは、どのようなときだと筆者は考えているか。次のなかからすべて選べ（ただし、解答の順序は問わない）。

1　神の存在を感じたとき。
2　科学が遺伝子の連続性を証明したとき。
3　身近な人や生き物の死を経験したとき。
4　人知が神秘の世界のメカニズムを解明したとき。
5　地震や洪水などの逃れられない天災に見舞われたとき。
6　科学が生命を永遠に保存する技術の開発に成功したとき。
7　圧倒的な自然の存在や日々繰り返す自然現象に気づいたとき。
8　大きな喜びや幸福を感じ、生きていることに感謝の気持ちをもったとき。

A	B	C

3点×3

完答8点

5

問5　傍線部㋑「脳も進化の産物である」とあるが、「進化」の性格を他の言葉で説明している語句を、二十五字以内でそのまま抜き出して、始めと終わりの五字を書け（句読点も字数に含む）。

□□□□□〜□□□□□

5点

問6　**D**に入れるのに最も適当と思われるものを、次のなかから一つ選べ。

1　自己の完結性　2　自己の連続性　3　自己の可能性
4　自己の流動性　5　自己の統合性

□

4点

問7　傍線部㋒「現代の絶望は、石器時代の楽観主義によって救われている」とあるが、どういうことか。その説明として最も適当と思われるものを、次のなかから一つ選べ。

1　石器時代から培われてきた人間の愛情表現の形成が、人間性を回復させるための要因となり現代の絶望を救っている。

2　石器時代から継続されてきた人間の脳の進化が、現代生物学の成果と統合したかたちとなり現代の絶望を救っている。

3　生命の永遠性を否定する現代の科学者にも人間の自己同一性を研究する視点が存在するため、それが現代の絶望を救っている。

4 生命の永遠性を実証できたのは現代生物学と人間が長年培ってきた文化であり、その統合が現代の絶望を救っている。

5 生命の永遠性は生物学によって否定されたが、文化的な慣習がもたらした未来への希望が現代の絶望を救っている。

6点

40点

［出典：西田利貞「永遠のいのち」／『世界思想』（世界思想社）2003年30号所収］

5

6 評論

『日本のデザイン―美意識がつくる未来』

原研哉《はらけんや》

青山学院大学

目標解答時間 30分

本冊（解答・解説） p.72

「阿弥衆《あみしゅう》」と現代のデザイナーとの共通点を理解しよう。

次の文章を読んで、後の問に答えよ。

美を生み出すのみならずそれを運用していく職能としてデザイナーは、日本ではいつ頃から動きはじめたのであろうか。僕は、今日のデザイナーと似ている職能、あるいは才能として、室町時代前後の阿弥衆（同朋衆《どうぼうしゅう》）を思い浮かべないわけにはいかない。

阿弥とは、やや乱暴にたとえるなら、優れた技能や目利きの名称に付す「(1)拡張子」のようなものだ。最近は、そのデータがどのソフトウエアでできたかを表記する目的でデータの名称の最後に「.doc」などと付す。意味や機能は異なるが、ニュアンスとしてはこれに似ている気がする。だから室町以降の人の名前に「阿弥」と付されていたなら、「.ami」、なるほどその筋のソフトウエアを共有するアーティストか、と考えればだいたい遠からずの素性を理解できる。

「阿弥」は元々、浄土宗の一派である時宗の僧侶の法名に用いられていたものである。時宗の僧侶は合戦に同行する僧侶でもあった。武士が戦場で命を落とすようなことがあれば、すかさず念仏を唱え、浄土に旅立つための一連の始末を請け負っていたらしい。［A］、ただ戦に同道するだけで貴重な兵糧の世話になり続けるというのも不自然であり、［B］宗教方面のみならず、負傷者の手当や日常の世話、そして芸術諸方面の活動をも担うようになった。とりわけ僧門の人々は元来、芸能をよくしたことも「阿弥」という記号に独特の意味を含ませるきっかけとなったと想像される。

［C］技芸の才のある個人や一族がこの名称を用いたことで［Ⅰ］がおこり、時宗の徒ではない者までもが阿弥を名のるようになった。有力な武家に［Ⅱ］されて、芸術諸般や日常雑務を担っていた人々は「同朋衆」とも呼ばれるが、「同朋」という言葉が喚起するイメージよりも、今日、歴史上で美に関与した者としてすでに耳にしている技能者の名称をたどることでイメージの広がる「阿弥衆」をここでは用いてみたい。

文化というものは常に、時を制する力とつながり、また拮抗《きっこう》して呼吸している。それは武力であったり、経済力であったり、政治力であったり、ポピュリズムであったりするが、そういう力が、力であるゆえの穢《けが》れや毒を拭うように、感覚的な洗練としての美を欲するのである。このような希求を文化の端緒というべきかどうかはともかく、倦《う》まずたゆまずその要望に応え、美を供給していく役割を担う人々がいる。美に触れ続けるということは、時代の趨勢《すうせい》を作るパワーとは異なるａイソウに、人間の感覚のときめきを生み出すもうひとつの中心があることを意識し続けるということである。美と感覚を交感させて日々を過ごすことと、時の力に請われてこれを供していくことの間には、必ず微妙な葛藤が生じてくる。時の力は自分たちの技や才能の発露をうながす土壌すなわちクライアントであるが、美をｂサハイする現場に精通する人々に培われてくる感覚は、常にクライアントの思惑を超えて過度に成熟する。この過度なる感覚の成熟や横溢《おういつ》をこそ文化と呼ぶべきかもしれない。阿弥衆の仕事に、自分が感じるそこはかとない共感は、この過度なる感覚のやり場に起因する微《かす》かなる葛藤と放蕩《ほうとう》をそこに感じるからである。足利《あしかが》幕府であれ、資本主義のもとで君臨する企業であれ、［Ⅲ］を洗練されたイメージへと変容させて用いたいという希求に、半ば応え、半ばあらがうという状況を共有しうる立場として、僕はこれらの技能集団に直感的なシンパシーを感じるのである。

日本美術は、歌にしても書画にしても天皇や貴族のたしなみから発生しており、歌を詠むことも、それを料紙に書きつけることも、高貴な地位の人々が主役で、彼らが直接手を下してそれを行っていた。高い地位の家に生まれつき、得難い情報や知識を幼い頃から身につけて育った文化的エリートのみが実践できるパフォーマンスとして、美の世界は存在した。しかしながら、時代が下るにつれ、美を求める意志と、それを実践・具体化させる技能とが分離してくる。美を具体化できる能力は、地位や生まれではなく個人の生来の能力や特別な修練によるという認識が、徐々に一般化してくるのである。平安時代から鎌倉時代にかけて、高度な修練を積んだ宮大工や彫り師・絵師といった職人あるいはアーティストが美術シーンを牽引《けんいん》したのは、(2)そういう流れにおいてである。しかし、室町時代の阿弥衆は、そうしたアーティストや職人の気質とはまた(3)ひと味異なる才能たちであった。つまり絵画や彫刻を生産するのみならず、その運用の仕方や配し方、すなわち「しつらい」を介して美を顕現させる才能が活躍しはじめるのである。

室町時代に確立した諸芸として、能、連歌、立花、茶の湯、築庭、書院や茶室の建築などがあげられるが、いずれも美的なオブジェクトを生み出すだけではなく、組み合わせ、制御し、活用する才能が諸芸を生き生きと走らせていく。つまり「もの」を作るのみならず「こと」を仕組み、美を顕現させる職能たちが活躍しはじめる。遁世《とんせい》者という言葉があるが、美を差し出してその報酬で生きるということは、どの世においても社会の常道、まっとうな生業から逸脱した存在である。これは現代も同じことだ。(4)才能で生きるということは「固有名詞」として社会に立つということであり、その立ち方は才能単位でcマチマチで、簡単に人に譲り渡したり、受け継いだりできるものではない。阿弥衆とはすなわち、固有名詞で室町文化のクライアント筋から、指名され頼りにされた才能なのである。純粋芸術とは異なる文化諸般のアクティビティを担うという性格上、僕は日本におけるデザイナーの始原をここに感じるのだ。

美という価値の運用が社会の中で、どう位置づけられたか、そしてそれをもとめる者、つくり出す者、見立てる者、調達する者の社会的な地位や立場、相互の関係がどうであったか。また、美の運用で獲得される(5)感覚資源は、いかなるかたちで伝承・保存され得たかなどは、今日の状況に対照させてみるととても興味深い。日本のデザイン史は、まさにこのあたりから書きはじめられなくてはならないかもしれない。

阿弥衆といえば、能の観阿弥と世阿弥、立花では立阿弥、作庭では善阿弥、美術品の目利きであった能阿弥などの名前がすぐにあがってくる。東山文化を確立した足利義政が重用した作庭師は善阿弥であるが、その出自はきわめて低い階層であったと言われている。しかし、築山を築き、水を引いて石を据え、そこに樹木を配する才能は、抜きんでたものを持っていたようで、作庭に異常な情熱を注ぎ続けた義政は、身分の賤《いや》しい善阿弥をことのほか大事に扱ったと伝えられている。病気の際には、薬を施すのみならず祈禱《きとう》を行ってその回復を祈願したというから尋常の扱いではない。また良い仕事を完成した際には、身分に関係なくふさわしい褒賞を与えたそうだ。

一方で阿弥衆も、将軍の庇護《ひご》を自覚しつつ、dシタタかに仕事をしていたようだ。こんな逸話がある。ある時、相国寺の僧から梅と水仙の花の献上を受け、喜んだ義政は立阿弥に命じてこれを立てさせようとした。ところが、立阿弥は、病気と称して出仕を拒んだという。しかし義政はあきらめず、厳命を発し、ついには立阿弥を出仕させて花を立てさせた。結果として見事に花はしつらえられ、義政は立阿弥に相応の褒美を贈ったといわれる。実現したい美に対しては［Ⅳ］を押してでも通してしまう義政の強引さは一貫しているが、将軍の命令を、いざとなれば花を立てられる程度の「病気」を理由に拒む立阿弥はなかなかの強者《つわもの》だったかもしれない。（中略）

東山文化とは、阿弥衆と、義政のような文化のディレクターとの、ダイナミックな［Ⅴ］によって生み出されたものだと考えていいかもしれない。阿弥衆との積極的な交流を介して、義政を筆頭とする有力な文化リーダーたちの感覚もどんどん豊かになっていったのだろう。このあたりは今日のクライアントとデザイナーの関係にも似ている。出自に関係なく才能を有する者たちは、「阿弥」の付された名前を与えられ、文化の最前線にかり出される一方で、連歌の会などにも高貴な身分の人々に交じって出席を許されたりしている。

今日のデザイナーがネクタイをしないのは、自由や合理性ではなく、個の才能として存在を許される遁世者としてのポジショニングが、無意識に現代にまで引き継がれているからかもしれない。

問一　傍線部(1)「拡張子」は、ここではどのような意味として用いられているか。最適なものを次の①〜⑤から選べ。

①　僧侶集団　②　名誉称号　③　接続機能　④　連想装置　⑤　識別記号

3点

問二　空欄 A 、 B 、 C に入れる最適な語句を次の①〜⑤から選べ。ただし、同じものを二度使ってはいけない。

①　あながち　②　つまり　③　しかし　④　さながら　⑤　おのずと

A	
B	
C	

1点×3

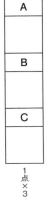

問三　空欄［Ⅰ］、［Ⅱ］に入れる最適な語句をそれぞれ次の①～⑤から選べ。

①　逆用　②　悪用　③　重用　④　援用　⑤　転用

問四　波線部a「イソウ」、b「サハイ」を漢字に直せ。

問五　空欄［Ⅲ］に入れる最適な漢字一字を本文中から選び記せ。

問六　傍線部(2)「そういう流れ」とあるが、それはどんな流れなのか。最適なものを次の①～⑤から選べ。

①　美を求める意志と、それを実践・具体化する技能とが分離し、次第に後者が重視されるようになってくる流れ。

②　文化を牽引する主体が貴族から武士へと変容し、阿弥衆が新たな文化の担い手として表舞台に登場してくる流れ。

Ⅰ	
Ⅱ	

2点×2

a	
b	

1点×2

3点

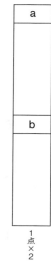

③ 美を具体化できる能力は地位や生まれではなく、個人の能力や特別な修練によるという考えが一般化してくる流れ。

④ 従来文化的エリートに独占されていた美の世界が次第に開放され、多くの人たちがこれに関与するようになる流れ。

⑤ 文化的エリートのみが実践できるパフォーマンスとして存在していた美の世界が崩壊し、阿弥衆が台頭してくる流れ。

4点

問七 傍線部(3)「ひと味異なる才能」とはどんな才能なのか。最適なものを次の①~⑤から選べ。

① 職人気質で個性の強い阿弥衆たちをしっかりと束ねて、集団を統率する才能。

② 美的なものを作り出すのみならず、それを効果的に演出、デザインする才能。

③ しつらいを重視した室町という時代に相応《ふさわ》しい純粋芸術を産み出すような才能。

④ 権力者に従属することなく、専ら自分の思うままに美を顕現できるような才能。

⑤ クライアントの要望を咀嚼《そしゃく》し、それを取り込みながら美を顕現できるような才能。

3点

6

問八　傍線部(4)「才能で生きるということは『固有名詞』として社会に立つということ」とあるが、それはどのようなことを言っているのか。その説明として最適なものを次の①〜⑤から選べ。

① ここでの才能とは固有の能力を意味し、それに支払われる報酬で生きることはそのままその人の社会的な存在証明となっているということ。

② それまで芸術家集団だった阿弥衆が室町時代に入ると各構成員が個性を強めたため、権力者たちは個人を指名するようになったということ。

③ 美を差し出してその報酬で生きるということは、才能で生きるということに他ならない。その才能はそれぞれ個性的でまちまちだということ。

④ 室町文化のクライアントは阿弥衆が有するそれぞれの個性に値を付け、阿弥衆はその対価として美を顕現させる義務を負っているということ。

⑤ 純粋芸術とは異なる文化諸般のアクティビティを担っていた阿弥衆は、クライアントから指名され頼りにされ、その報酬で生きていたということ。

4点

問九　波線部c「マチマチ」、d「シタタ（か）」にそれぞれ漢字をあてると最適なものはどれか。次の①〜⑤から選べ。

c 「マチマチ」　① 町町　② 待待　③ 区区　④ 末末　⑤ 様様

d「シタタ（か）」 ① 堅か ② 硬か ③ 難か ④ 固か ⑤ 強か

問十 傍線部(5)「感覚資源」のここでの意味として最適なものを次の①～⑤から選べ。

① 美を顕現させる職能たちを見出し、それを指名し報酬を与える権力者の美的感覚。
② 純粋な芸術とは異なる文化諸般のアクティビティを担っているという誇りと尊厳。
③ 美的なオブジェクトを生み出すだけではなく、組み合わせ、制御し活用する才能。
④ 美を求める者、つくり出す者、見立てる者、調達する者の地位や立場、相互の関係。
⑤ 不断に美的なものと接触、交感することを介して磨き上げられ培われた美意識や文化。

問十一 空欄 Ⅳ に入れる最適な語を次の①～⑤から選べ。

① 牛車 ② 口車 ③ 火車 ④ 力車 ⑤ 横車

c	d

1点×2

3点

2点

問十二 空欄 V に入れる最適な語を次の①〜⑤から選べ。

① 共同幻想　② 時代感覚　③ 美のしつらい　④ 文化的エリート　⑤ 美意識の交感

3点

問十三 現代のデザイナーがネクタイをしない理由の根底にどういった意識があると筆者は考えているか。最適なものを次の①〜⑤から選べ。

① 阿弥衆の末裔《まつえい》として美を顕現させる職能に携わっているという伝統意識。
② 組織に従属して仕事をすることに対する拒否と職人としての強い自尊心。
③ まっとうな生業から逸脱した存在という位置と自己の才能への無自覚的な感覚。
④ クライアントへの従属と拒否とが入り交じった微妙な感情と不断の葛藤。
⑤ 純粋な芸術とは異なる文化諸般のアクティビティを担っているという自覚と誇り。

4点

40点

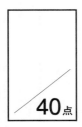

［出典：原研哉『日本のデザイン―美意識がつくる未来』（岩波書店）］

7 評論

『可能性としての歴史　越境する物語り理論』

鹿島徹《かしまとおる》
関西大学

目標解答時間　25分

本冊（解答・解説）　p.84

歴史と文学がもつ同様の働きが何であるかを読みとろう。

次の文章を読んで、後の問に答えよ。

一九九〇年代——この二十世紀最後の時代。それは、記憶と忘却という主題について、これまでになく活発に論じられた十年でもあった。「歴史」をめぐるさまざまな問題が、思想界においても現実政治の場面においても、大きな論議を呼んだのである。

「記憶の内戦」とも名づけられたこの情況のなかで、とりわけ歴史教科書をめぐり戦わされた議論において、あらためて㋐ケンザイ化したことがある。それは、歴史とは「集合的記憶」であり、集団の「共同性」のありように深くかかわるという簡明な事実であった。

「南京《なんきん》大虐殺」「従軍慰安婦強制連行」——これらの出来事が史実として「実在」したのかどうかについて、もとより論争が行われもした。だが、「国民的史書」（鹿野政直《かのまさなお》）と目される歴史教科書に、それらについての記述をわずか一、二行でも載せることの是非が、なによりも激しく争われたのである。これは国家という「共同体」のレベルで記憶されるべき史実の選別をめぐって、ということは特定の史実についての記憶の抹殺をめぐって、一国内部の言論界でたしかに「内戦」が行われたということにほかならない。日中戦争開始から六十年が経過し、あの戦争の経験が直接体験者の口を通して語られる時代から、文書などに記録された「共同的記憶」においてのみ記銘され、保持・再生される時代へと移行しつつあるなかで、この思想的＝政治的論争は繰り広げられたのだ。

ここで直ちに注記しなければならないことがある。歴史を無造作に「集合的記憶」ないし「共同的記憶」と見なすことには、ある陥穽《かんせい》がつきまとっている。個人の心理的・言語的過程としての「記憶」作用を集団にまで拡張して想定することにより、その担い手とされる「共同体」を擬人化し、個人にも先だつ独立の存在としてそのまま実体視する危険がはらまれているのである。そこからはたとえば「日本社会の人格分裂」といった、レトリック性のみを先行させた表現が、本来の問題提起の文脈を離れて容易に独り歩きしはじめてしまうであろう。この陥穽を回避するためにも、まずなにより「共同体」としての集団形成は、共通の起源と来歴を語る歴史が成員により共有されることによってはじめて可能になる、という点を、あらためて確認しなければならない。「共同体」がまず存在して、しかるのちそれを行為と記憶の主体としてその歴史が語られる、というのではない。「共通の祖先」「神との契約」「建国の理念」「文化的伝統」といったキーワードを軸に、一定の出来事を口承・記念碑・公文書などを媒体に記録し、祝典・記念日・歴史教育などを通じその記憶を不断に再生産するとともに、他の一定の出来事をそれにより同時に忘却しその想起を禁圧しつづける、「記憶と忘却の共同体」としてこそ、一般に「共同体」なるものは成立し存立するというべきなのだ。

そうであるならば、一九九〇年代に「歴史の見直し」を掲げて登場した人びとの真に意図するところが、じつは個々の史実の否認、ないしその解釈の修正にはなかったのだとしても不思議ではない。むしろ戦後支配的だった歴史観に換えて、自国の歴史的連続性を強調しその既往と現在を肯定する歴史観を若い世代に付与する、そうした方向をもった歴史教育へと転換することこそが企図された。つまり「集合的記憶」を自国史の新しい語りにより人為的に操作し、それを通じて、国民一人ひとりの国家への強固な帰属意識を効率よく調達することが企てられたのである。繰りかえし指摘されたことだが、ここに歴史の「ナショナルヒストリー」としての機能を明瞭に見てとることができる。それは一国の来歴を提示することによって、国家という「共同体」の自己同一性《アイデンティティ》を産出・確保し、それにより現存政治体制の支配の正統性を内外に示すとともに、成員の国家への帰属・自己同一化を確保するものであることが、これまでにもましてあらわになったのだ。しかも右の人びとのなかでも鋭敏な論者は、この点についての明晰《めいせき》な自覚をもっており、国民国家が自然的な血縁・地縁の共同体でありえない以上、その共同性は「国家の来歴の物語」を通じて人為的に創出されなければならないと語る。そうした自覚的＝確信犯的姿勢にこそ、この一九九〇年代の動きの「新しさ」があるともいえるのである。

ただし、従来の戦後的歴史観への批判は、同時に以上とは逆の立場から進められてきたこともまた、銘記されなければならない。「従軍慰安婦」の存在を(あ)カンカしてきた戦後歴史学、とくに国民国家日本を自明の統一単位とする自国中心的な歴史叙述のありかたにたいし、日本史を専攻する歴史学者自身によっても、深刻な反省と根本からの再検討が(い)スイコウされつつあったのだ。もっともこのような反省は一部では、クロード・ランズマン[*1]監督の映画『ショアー』[*2]（一九八五年制作、一九九五年日本初上映）の強い印象にも導かれて、「表象の限界」をひたすら強調する方向へと先鋭化されてゆく。悲惨な体験を潜り抜けた生存者のトラウマ[*3]的記憶が歴史の物語的記述に回収されることを、徹底して拒否する言説が、そこに生みだされていった。この方向が極限にまで突き詰められるときには、事態は次のような奇妙な構図に行き着くように思われる。一方では歴史を確信犯的に「物語」ととらえて、ナショナルな共同性の強化へと向け他者の声を㋒シャダンしようとする「国民の正史」の構想と、他方では歴史叙述の隠蔽・抑圧機能への鋭い批判から「物語」としての歴史一般を拒絶する態度と、この両者が反目しつつ互いにすれちがって背中合わせに結合し、「物語としての歴史」の此岸《しがん》と彼岸《ひがん》への棲《す》み分けを行ってしまう、と。

しかしながら実はトラウマ的記憶と歴史＝物語とのかかわりにおいて問題となるのは、前者の声なき声に導かれて後者を流動化し、あらたに物語り直してゆくこと、あるいは前者が後者に隠蔽される従来のありかたとは異なった両者の㋓フチ関係を構想することであったはずだ。じっさい一九九〇年代後半からは、トラウマ的記憶に声を与え物語的記憶に置き換えるという課題、語りえない出来事の記憶をかろうじて伝達・共有するための方途を見いだすという困難な課題に、さまざまな角度からのアプローチが行われてゆく。そのさいには狭義の歴史学方法論や社会学、精神分析の諸理論もさることながら、文学のもつ固有の機能にも目が向けられていったのである。

もとより文学と共同的記憶としての歴史の関係は、一義的に規定できるものではない。

そもそも両者は、明確な境界線の引かれた異領域のものではない。近代歴史学成立以前はもとよりのこと、客観性を標榜《ひょうぼう》する歴史叙述もまた根本において修辞学的《レトリカル》なものであり、特定のプロットから意味を引きだし、イメージの創出により説得力を自己付与するものであることは、二十世紀後半のヘイドン・ホワイト[*4]『メタヒストリー』をはじめとする歴史言語の理論的分析が明らかにしたことだった。ひとまず両者のジャンル的区別を認めたとしても、そこには共通の社会的機能を指摘することができる。たとえば島崎藤村『夜明け前』を素材に成田龍一[*5]が分析を試みたように、近代文学は剝きだしの政治的意図をもたずとも、国民国家の枠内で歴史学とともに「国民」

を創出する装置として機能してきた。共通の歴史・言語・文化を共有し、相互に共感することのできる「われわれ」という意識を㋑ジョウセイする役割を、㋔キせずして果たしてきたのだ。さかのぼってはすでに、のちの浪花節《なにわぶし》につながる江戸期の口承文学が、超地域的な「日本語」を表現手段に忠義奉公・義理人情の歴史物語を流布することによって「無垢《ナイーブ》で亀裂のない心性の共同体」としての国民国家・日本を準備することになった、との兵藤裕己*6の指摘もある。文学的表現を媒体に歴史イメージを生産／再生産することにより、集団の共同性が調達／更新されるというこの構造は、その後マスメディアの発達のなかでさらに拡大・強化されもしてきた。

注

＊1　クロード・ランズマン＝フランスの映画監督。（一九二五〜　）
＊2　『ショアー』＝フランスの映画。上映時間は九時間三〇分。制作には一九七四年から一一年の歳月を費やした。ホロコースト（ナチスによるユダヤ人絶滅政策）にかかわった人びとへのインタビュー集という形式のドキュメンタリー作品。
＊3　トラウマ＝恐怖・ショック・異常経験などによる精神的な傷。
＊4　ヘイドン・ホワイト＝アメリカの歴史学研究者。（一九二八〜　）
＊5　成田龍一＝日本の歴史学研究者。（一九五一〜　）
＊6　兵藤裕己＝日本の中世文学、芸能研究者。（一九五〇〜　）

問1　傍線部㋐「ケンザイ」、㋑「ジョウセイ」を漢字に改めよ。

㋐	㋑

1点×2

問2　一九九〇年代に活発に論じられ、「記憶の内戦」とも名づけられた「歴史」をめぐる論議とはどのようなものであったか。最も適当なものを選択肢から一つ選べ。

a　記憶と忘却という主題が活発に論じられ、歴史教科書に記述する史実が「実在」したのかどうかを検証しようとする思想的＝政治的論争が繰り広げられるというものであった。

b　歴史とは「集合的記憶」であり、集団の「共同性」のありように深くかかわるものだとする立場と、歴史と個人の記憶を切り離そうとする立場に分かれて、思想的＝政治的論争が繰り広げられるというものであった。

c　歴史教科書に記述される特定の史実の選別をめぐって、一国内部の言論界で思想的＝政治的論争が繰り広げられるというものであった。

d　特定の史実についての記憶を抹殺する歴史教科書を「国民的史書」と見なすことの是非をめぐって、思想的＝政治的論争が繰り広げられるというものであった。

e　戦争の体験が直接体験者の口を通して語られる時代から、文書などの記録を保持・再生する時代へと移行するなかで、いかにして正確な記録を残すかということについて、思想的＝政治的論争が繰り広げられるというものであった。

4点

7

問3　歴史を無造作に「集合的記憶」ないし「共同的記憶」と見なすことにはどのような危険性があり、それを避けるためにはどのようにする必要があると筆者は述べているか。最も適当なものを選択肢から一つ選べ。

a　個人の心理的・言語的過程としての「記憶」作用を集団にまで拡張して想定することは、個人と集団との人格分裂を引き起こす危険性があり、それを避けるためには、個人の集合体である「共同体」の集団形成が、歴史の共有によって可能になるということを確認する必要がある、と述べている。

b　個人の心理的・言語的過程としての「記憶」作用を集団にまで拡張して想定することは、「共同体」を擬人化し、個人にも先だつ独立の存在としてそのまま実体視する危険性があり、それを避けるためには、「共同体」の成員にとっての共通の起源と来歴を語る歴史を個人の記憶とは切り離して構想する必要がある、と述べている。

c　個人の心理的・言語的過程としての「記憶」作用を集団にまで拡張して想定することは、「共同体」としての集団形成に不可欠な「歴史」が、特定の個人を記憶の主体として構想されるという危険性があり、それを避けるためには、「共同体」が記憶の主体となって「歴史」を構想する必要がある、と述べている。

d　個人の心理的・言語的過程としての「記憶」作用を集団にまで拡張して想定することは、「共同体」がまず存在して、しかるのちそれを行為と記憶の主体としてその歴史が語られるという誤った認識を生じさせる危険性があり、それを避けるためには、「共同体」の成立は成員による歴史の共有によって可能になることを認識する必要がある、と述べている。

e　個人の心理的・言語的過程としての「記憶」作用を集団にまで拡張して想定することは、個人的な記憶の再生産と忘却を「共同体」の「歴史」に反映させてしまう危険性があり、それを避けるためには、「共同体」自体を「記憶と忘却の共同体」として存立させる必要がある、と述べている。

5点

問4　一九九〇年代に「歴史の見直し」を掲げて登場した人びとのねらいとその「新しさ」はどこにあったか。最も適当なものを選択肢から一つ選べ。

a　個々の史実の否認、ないしその解釈の修正ではなく、むしろ戦後支配的であった歴史観に換えて、自国の歴史的連続性を強調し現在を肯定する歴史観を教育することをねらいとし、歴史教育を一新したところにその「新しさ」があった。

b　「集合的記憶」を自国史の新しい語りにより人為的に操作し、国民一人ひとりの国家への強固な帰属意識をもたせることをねらいとし、国民全体を巻き込む議論を引き起こしたところにその「新しさ」があった。

c　一国の来歴を提示することによって、国家という「共同体」の自己同一性を産出・確保し、それにより現存政治体制の支配の正統性を内外に示すことをねらいとしながら、そうした強権性を感じ取らせないところにその「新しさ」があった。

d　国民国家の共同性を「国家の来歴の物語」を通じて創出することをねらいとし、それを国民を統合するための正しい方法だと自覚して行ったところにその「新しさ」があった。

e　日本を自明の統一単位とする自国中心的な国家観を浸透させることをねらいとしながら、国民国家が自然的な血縁・地縁の共同体でありえないことを自覚していたところにその「新しさ」があった。

5点

問5　トラウマ的記憶と歴史の物語的記述とのかかわりをどのようなものと筆者は考えているか。最も適当なものを選択肢から一つ選べ。

a　悲惨な体験を潜り抜けた生存者のトラウマ的記憶は、日本史を専攻する歴史学者自身によってその史実性が再検討され、歴史の物語的記述に影響を与えるようになったと考えている。

b　悲惨な体験を潜り抜けた生存者のトラウマ的記憶は、歴史を「物語」ととらえて共同性の強化のために利用する構想に対して、徹底して拒否する言説を生み出すものと考えている。

c　悲惨な体験を潜り抜けた生存者のトラウマ的記憶は、歴史を「物語」ととらえて他者の声をシャダンしようとする「国民の正史」の構想と、「物語」としての歴史一般を拒絶する態度によって、隠蔽されるものと考えている。

d　悲惨な体験を潜り抜けた生存者のトラウマ的記憶は、歴史の物語的記述に回収されることによって、前者が後者に隠蔽される従来のありかたとは異なった関係を生じさせるものと考えている。

e　悲惨な体験を潜り抜けた生存者のトラウマ的記憶は、その声なき声によって歴史の物語的記述を流動化し、あらたに物語り直されてゆく可能性をもつものと考えている。

5点

問6　文学と歴史叙述との関係をどのようなものと筆者は考えているか。最も適当なものを選択肢から一つ選べ。

a　文学と歴史叙述とは、前者が語りえない出来事の記憶を「物語」として伝達・共有するための方途として機能するのに対し、後者はその「物語」を補完する役割を果たすものと考えている。

b　文学と歴史叙述とは、前者が虚構性にもとづくものであるのに対し、後者は客観性を標榜《ひょうぼう》するものであ る点で、ジャンル的には区別されると考えている。

c　文学と歴史叙述とは、両者とも相互に共感することのできる「われわれ」という意識を生じさせる役割を果たすという点で、共通の社会的機能を有すると考えている。

d　文学と歴史叙述とは、両者とも修辞学的な表現によって虚構のプロットから特定の意味を引きだし、イメージを創出するものである点で、同一の領域に属するものと考えている。

e　文学と歴史叙述とは、両者とも超地域的な「日本語」を表現手段として、マスメディアの発達のなかでその影響力が拡大・強化されてきたと考えている。

4点

7

問7 二重傍線部ⓐⓘⓤⓔⓞのカタカナと同じ漢字を用いる語を選択肢から一つ選べ。

ⓐ カンカ

- a 証人をショウカンする。
- b 固定カンネンにとらわれる。
- c プレゼントをコウカンする。
- d 怪我《けが》人をカンビョウする。
- e 任務がカンリョウする。

ⓘ スイコウ

- a 名誉市民候補にスイキョする。
- b 要点をバッスイする。
- c 病気で身体がスイジャクする。
- d 一人暮らしでジスイする。
- e 暴動計画はミスイに終わった。

ⓤ シャダン

- a 光が水面にハンシャする。
- b ブラインドでシャコウする。
- c 面会シャゼツで容態がわからない。
- d ヨウシャのない質問を浴びせる。
- e 細かい違いはシャショウする。

ⓔ フチ

- a 新しい技術がフキュウする。
- b フゾク品を確認する。
- c 各地をまわってフキョウする。
- d 新しい勤務地にフニンする。
- e 公的フジョの制度を整える。

ⓞ キせずして

- a 鉄鋼業は国のキカン産業である。
- b キカンの書籍を注文する。
- c 宇宙船が無事に地球にキカンする。
- d 医療キカンの一覧表を作る。
- e 三年のキカンを経て新作を公開する。

ⓐ	ⓘ	ⓤ	ⓔ	ⓞ

1点×5

問８　国民国家において近代文学はどのような役割を果たしてきたか、五十字以内で記せ。なお、句読点・符号も字数に含めるものとする。

10点

［出典：鹿島徹『可能性としての歴史　越境する物語り理論』（岩波書店）］

40点

7

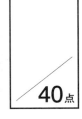

8 評論

『遊びの現象学』

西村清和《にしむらきよかず》

立教大学

目標解答時間 25分

本冊（解答・解説） p.96

他の遊びはもちろん、「かくれんぼ」も最終的には一つの具体例とみなし、筆者の言う「遊び」とは何かを捉えよう。

次の文章を読んで、後の問に答えよ。

鬼とは、のがれる子どもを追い、あるいは、母親の陰に身をひそめる子どもをあばくものである。鬼と子にまつわる、この原初の不安な、宿命的なかかわりが、遠い集団的記憶として、追い追われ、またかくれあばくたわいのない遊びに、ある種の情調の影をおとしているのも事実である。しかも、これらが遊びにとどまるかぎり、もはや鬼は、あのおそるべき(イ)イギョウのものではない。つまり、鬼と子とは、一枚のシーソーの板の両端でむきあいわらいかけながらひとつに同調した往還運動を共有したのしむふたりのように、おなじひとつの遊び関係のなかで、この遊動をつりあわせるためのふたつの項なのである。この宙づりにされたシーソーの天びんに乗っているかぎり、鬼は、ことばの厳密な意味でこわい鬼ではなく、スリリングな鬼である。こわい鬼から完全に逃げきることが、鬼ごっこという遊び行動の本質なのではない。(ロ)チョウハツしてははぐらかし、追われては、反転して追うという、宙づりのスリルにこそ、その本質はある。じゃんけんや番きめ歌による、鬼と子の役割設定も、もはや運命の宣告によって贖罪《しょくざい》の生贄《いけにえ》をえらぶおそろしい儀式ではなく、鬼ごっこというシーソー・ゲームの天びんの枠組みを設定するための手順である。鬼が子をつかまえ、ふれることによって、鬼と子の役割が交換されるというとりきめも、接触によるけがれの(ハ)テンカという感染呪術ではなく、この天びんが一方にかたむいてはふたたび反転して他方にかたむくという、シーソーの遊動が生じ反復持続するための構造上の仕掛け、宙づりの支点の設定である。

「いない・いない・ばあ」や鬼ごっこに認められた遊びの基本骨格を、とりわけふたつの顔、ふたつのまなざしのあいだに成立する(1)宙づりの遊動の関係として純化し、これを遊びの形式そのものとしたのが、(2)かくれんぼである。かくれんぼとは、宙づりのまなざしの戯れである。そもそも「いない・いない・ばあ」が、母親が掌で顔をかくしてはふたたび顔をあらわすという遊びであったことを思えば、これも一種のかくれんぼと考えられないこともない。実際、赤ん坊にとって、他者とはまず、自分を見つめる目であり、その目に応えて見かえすときにすがたをあらわす顔である。掌によって目がおおわれ顔がかくされるとき、相手の存在は完全に視界から消えうせる。この仕組まれた不在の状況のなかで、相手をさがしもとめ、いまかいまかとつのる期待に応じるように、母親の笑顔とわらいかけるまなざしがふたたびあらわれるとき、赤ん坊の目もこれに応えてわらうのである。かくれんぼが*藤田のいうように、われわれの人生の原形質のひとつ、一連の基本的経験に対する胎盤をあるしかたで身にうけているとしても、それはけっして、喪失や迷子や流刑の経験の模型などではない。それはむしろ、より根本的に、「見る・見られる」というまなざしの(ニ)コウサクのうちにはじめてたちあらわれる他者の経験の、しかもある独特な様態を構造化している。つまりそれは、「見る・見られる」双方のまなざしを宙づりにすることによって、自己と他者とのある独特な関係、すなわち遊戯関係を仕組み、そのような関係、そのような状況「に・遊ぶ」ことによって、他者ともども世界に遊ぶという、独特の存在様態を可能にする。それは、他者とするどく拮抗《きっこう》しあうあの対向の企ての世界にある他者関係や存在様態とは、もとからちがった、しかしわれわれの人生の、まちがいなく固有の一面なのである。

かくれんぼもまた、他の多くの遊びとおなじように、のっけから、呼びかけと応答の、それ自体一種の遊びではじまる。春風になびく柳のしなやかな動きにわれ知らずさそわれて、ふとそこにたたずみ、ゆきつもどりつするたゆたいに同調して目を遊ばせるとき、すでにしてわたしはその風景に遊ぶ。「いない・いない」という母親の声にさそわれて、赤ん坊がそちらに目をむけ、「ばあ」という声に応えてかれがわらい声をたててはじめて、「いない・いない・ばあ」という(3)<u>遊びがはじまる。</u>むこうから投げられたボールを掌にうけながら、それがわたしの掌につたえてよこすはずむ感触にさそわれて、これをむこうに投げかえすとき、キャッチボールがはじまる。おなじように、「かくれんぼするものよっといで」とか「かくれんぼするものこの指とまれ」とかはやしたてるような呼びかけにさそわれ、これに応えて、子供たちがあつまり、ついで、「じゃんけんぽんよ、あいこでしょ」とおたがいに応じることによって、鬼と子、見つけるものとかくれるものの役割がわりふられる。つまり、「いない・いない・ばあ」やキャッチボールのばあいとおなじように、そもそもかくれんぼという遊びをはじめる手順、この遊びの骨格の設定そのものが、すでに呼びかけと応答とのキャッチボール、わらいにわらいで応える□の遊びなのである。遊びにあって、遊び手とは、遊びの主体ではなかったことを思いだそう。遊び手と遊び相手との□にあって、遊び手とは、同時に遊ばれるものである。こちらにむけて投げかけられた遊びの呼びかけに応じるとは、企ての主体による決断や合意であるよりは、さそいかけという遊びの発端が、遊び手の内部に反響させた同調の動きというべきである。勉強しなければいけなかったり、いいつけられた用事があったりして、さそいをことわることはある。そのときこの意志の決断は、さそいに応じてすでにこれに同調している自分のこころの遊びを断念する。だが、このこころの遊びの同調そのものは、けっして意志のしわざではないだろう。これとは逆に、「遊ぼう」とさそわれても、なにか屈託があってその気にならないときがある。こころに遊びの同調が生じないまま、それでもつきあいのためにしいてさそいに応じることがある。この自由の主体による遊び行動への決断は、だからといって、本当の意味でのあのしなやかな同調とはずむこころの遊びを生じさせるとはかぎらない。遊びにくわわりながらも、こころは屈託のおもりにつなぎとめられて、ついにたのしまない。いずれにせよ、自己と他者のあいだの遊戯関係と双方が同調する遊動、つまり(4)遊びのはじまりは、企ての主体の自由な決断によるものではないのである。

注 藤田…藤田省三。思想史家（一九二七～二〇〇三）。

8

(A) 傍線部(イ)〜(ニ)を漢字に改めよ。(ただし、楷書で記すこと)

(イ)	(ロ)	(ハ)	(ニ)

2点×4

(B) 二つの空欄には同じ言葉が入る。次の中から最も適当なものを一つ選べ。

1 対面　2 即応　3 同調　4 反転　5 交換

4点

(C) 傍線部(1)はどのような関係をいうか。次の中から最も適当なものを一つ選べ。

1 拮抗しあう企ての世界にある他者との応答関係。
2 シーソーの両端で同調した往還運動を共有するような関係。
3 遊び手と遊び相手でどちらが勝つかわからない関係。
4 「いない・いない・ばあ」をする母子の原初的にある不安な関係。
5 鬼が子をつかまえることで鬼と子の役割が変わる交換関係。

7点

(D) 傍線部(2)について。筆者は「かくれんぼ」についてどのように理解しているか。次の中から最も適当なものを一つ選べ。

1 双方のまなざしを宙づりにする遊戯関係で、関係のみならず状況自体を他者と共有する遊び。
2 鬼と子のかくれる・見つけるという関係の中で、双方のまなざしが同調したり反転したりする遊び。
3 他者とするどく対立しあう企ての世界を、まなざしの宙づり化によって合理的に表現する遊び。
4 鬼がかくれた人を探し出すという仕組まれた不在の中で、喪失や迷子の経験を反復する遊び。
5 追われては反転して追うという宙づりのスリルを、合意された鬼と子の役割分担によって楽しむ遊び。

7点

(E) 傍線部(3)について。筆者はどのような過程から遊びがはじまると考えているのか。これを最もよく表しているひとまとまりの語句を、この部分以前の本文中から抜き出し、八字以内で記せ。（句読点や記号があれば、それも字数に含む）

6点

(F) 傍線部(4)について。それはどうしてか。次の中から最も適当なものを一つ選べ。

1 遊びは、「見る・見られる」双方のまなざしを宙づりにすることによって成立するものだから。

2 遊びは、その気にならなくてもつきあいのためにさそいに応じることで成立することがあるから。

3 遊びは、他者からの呼びかけに応じて他者と合意した上で成立するものだから。

4 遊びは、さそいかけに反響して、遊び手内部におこる動きによって成立するものだから。

5 遊びは、「遊ぼう」とさそわれて自分も遊ぼうと思うことによって成立するものだから。

8点

40点

[出典：西村清和『遊びの現象学』(勁草書房)]

9

評論

『日本文化における時間と空間』

加藤周一《かとうしゅういち》

明治大学

目標解答時間　20分

本冊（解答・解説）p.106

〈評論〉の最終問題！　長い文章ですが、「相称性」と「非相称性」との〈対比〉を読みとろう。

次の文章を読んで、後の問に答えよ。

日本美術の特徴として早くから指摘されていたのは、（左右）相称性（symmetry）の不在、または非相称性（asymmetry）の強調である。それがもっとも鮮やかにあらわれているのは、建築と庭園においてであろう。絵画は描く。自然があたえるその対象の多くは左右相称ではない。それを縮小し、稀《まれ》には拡大し、抽象化して二次元の空間に投影し、おそらく環境の理解や記憶を助けるために、描く。絵画の歴史をどこまでさかのぼっても、旧石器時代の岩窟の壁画に到ってさえも、画面に左右相称的な構図を見出すことは困難なようである。

建築は描かない。それ自身の外部にあるいかなる対象も記述しないし、環境のいかなる要素も反映しない。窓は外部を反映するのではなく、外部に反応する装置である。建築や庭園は、祈るため、儀式や魔術を行うため、商売を営むため、家族が寝起きするため、それぞれ特定の目的のために、建築家が特定の空間を彼自身の考えと好みに従って構造化する空間である。建物は厳密に左右相称的なことも、全く非相称的なこともある。その間に相称性のあらゆる段階があり、それが建築家とその文化に条件づけられていることはいうまでもない。［ a ］一方に古代ギリシャの神殿からパッラーディオ（一五二〇―一五八〇年）に到る相称性があり、他方には1桂離宮や茶室の徹底した非相称性がある。庭園についても同じ。ルノートゥル（一六一三―一七〇〇年）は広大な地域に造園のあらゆる要素、植込みや花壇、水や芝生、大理石の彫刻や手すりなどを、左右相称の幾何学的図型として整然と配置する。およそ同時代に桂離宮の造園家は、小さくかこまれた空間に日本全国の名所の風景を縮小して再現した。その庭の中の小径《こみち》を辿《たど》れば、展望は［ X ］する。そこに相称性はなく、幾何学的配置はない。非相称性を中心とする空間の分節化・構造化は、建築と庭園においてもっとも典型的にあらわれる。

2建築的造形の相称性を、大きくみれば、中国・西洋・日本の文化はそのまま三つの類型を代表すると言えるだろう。中国は徹底した相称性文化の国であり、日本文化は正反対の非相称性に徹底する。西洋はその中間に位置する。すなわち西洋の伝統では、ほとんどすべての紀念碑的建物が正面の左右相称性を強調する。それは宗教的建物（教会や墓所）の場合でも、世俗的建造物（王宮や市庁舎）の場合でも変らない。しかし私的な個人住宅に相称構造を見ることは、例外的な有力者の大邸宅を除いて、きわめて稀である（たとえば南フランスの中世都市カルカソンヌ）。しかるに中国では紀念碑的建築はもちろん、私的住宅にさえも左右相称の原理が徹底することがある。前者の例は、北京の紫禁城であり、敷地内の建物の配置、建物それ自身の構造、内装の細部に到るまで相称性が浸透して余す所がない。その高い城壁の内側へ入れば、直ちに相称性によって秩序づけられた空間の中に包みこまれる。そこには明朝の皇帝の権力と豪華さとともに空間の合理的秩序があって、はるかにルイ王朝のヴェルサイユ宮の幾何学的空間と呼応している。中国の伝統的な個人住宅の左右相称性は、その典型的な例を北京の四合院に見ることができる。道路に面して、左右の壁の中央に入口の開口部がある。建物は四方から中庭――その中央にしばしば樹木や井戸がある——をかこみ、各部屋は中庭に向って開いている。四合院は北部（北京、天津）で発達したが、その影響は遠く甘粛省《かんしゅく》にまで及んだという。

中国文化における相称性の強調は、建築様式にかぎらない。いわゆる殷周《いんしゅう》銅器に早くもその特徴はあらわれているし六朝以後の陶磁器においてはさらに徹底する。また周知のように唐代以後の「近体詩」の詩法は、対句の規則を制度化した。対句は概念の相称的配置である。**3** 対句に似た修辞法は、日本やヨーロッパの詩文にもないことはないが、中国の場合にくらべれば、それはほとんど例外にすぎない。中国では対句こそが詩法の中心にあり（殊《こと》に「律」）、散文においてさえも広く用いられたことがある（六朝以来の駢儷体《べんれいたい》）。相称性の好みは、都市計画、建築の外観と内装、家具や器から、定型詩の概念的構築にまで、一貫するのである。そういうことが一〇〇〇年以上も続けば、規則や習慣は内面化され、日常生活の中にまで浸透することになるだろう。相称性嗜好《しこう》はなぜ起こったか。それはわからない。その背景には環境を理解する道具としての陰陽説があるのかもしれない。陰陽に正負を割りあてゼロ点を図面の中央に置けば、容易に左右相称が得られる。しかしここではその問題に立ち入らない。

西洋はながい間中国を知らなかった。日本は中国文化の強い影響を受けながら、左右相称志向を受け入れなかった。もちろん中国モデルで京都を作ったときには、モデルの左右相称性が京都にも移された。「洛中洛外《らくちゅうらくがい》」などいう表現にもそのことはあらわれている。大陸のモデルに従わない日本の町が碁盤目状の道路を持つ例は、**b** 一つもない（大坂、江戸）。法隆寺を例外として、大きな仏教寺院の伽藍《がらん》配置も同じ大陸モデルに従っている。一例を挙げれば、四天王寺（六世紀末から七世紀にかけて聖徳太子が造営したとされる）では、真中の軸線上に中門・塔・金堂・講堂をならべ、中門と講堂をつなぐ回廊が塔と金堂をかこい込む。日本の伽藍配置にもいくつかの型があるが、いずれも左右相称であるのは、大陸の寺院の例を模倣したからである。神社の建築は、仏教寺院のそれの影響を受けて成り立った。しかし、それは寺院の忠実な模倣ではなく、一種の「日本化」である。そこでは境内の建物の配置に、仏教寺院の場合のような厳密な左右相称性はない。「日本化」は常に相称性を排除する方向へ進むのである。

中国文化の強い相称性志向の背景に陰陽の二分法があったとすれば、それとは対極的な日本文化の非相称性強調の背景には何があったか。街道に沿って発展した町、農家から武家屋敷までの建築の平面図、桂離宮の建物と庭、茶室とその周辺の美学、——そのどこにも相称性を含まない空間の秩序は、どういう文化的特徴を条件として成り立ったのか。

日本語の定型詩が対句を用いるのはきわめて稀である。詩論、すなわち平安時代以後、殊にその末期に俊成・定家父子を中心として行われた「歌論」が対句に触れることもない。その理由は比較的簡単で、要するに日本では『古今集』以来極端に短い詩型（いわゆる「和歌」）が圧倒的に普及したからである。音節の数では和歌（三一）は五言絶句（二〇）よりも多いが、語数では和歌の方が少なく、対句を容《い》れることはほとんど物理的に不可能である。しかも後には連歌から「俳句」が独立して和歌（または短歌）に加わる。俳句はおそらく世界中でも最短の詩型の一つであろう。俳句はそれ自身が一句だから、対句は問題にならない。『万葉集』の時代には「長歌」もあったし、『梁塵秘抄《りょうじんひしょう》』の時代には「今様《いまよう》」もあった。[C] そのどちらにも二行を一組として扱う対句の多用はみられない。『万葉集』の長歌の技法には、相称的な形容句を重ねて用いる修辞法が含まれるが、その場合にも相称的表現が作品全体の構造に決定的な役割を果したわけではない。今様は四行の歌詞である。その二行が中国風の対句を作る例は、現存する本文に関するかぎり、ほとんどない。要するに極端な短詩型の支配は、左右相称

9

の言語的表現を排除したと思われる。

しかしそのことは造形的表現における相称性への抵抗を説明しない。抵抗の背景は、あたえられた空間の分節化・構造化の過程が、全体の分割ではなく、部分からはじめて全体に到る積み重ねの強い習慣であるのかもしれない。別の言葉でいえば、「建増し」主義。建増しは必要に応じて部屋に部屋をつないでゆく。その結果建物の全体がどういう形をとるかは作者の第一義的な関心ではない。先にも触れたように一七世紀前半の武家屋敷では、途方もなく複雑な形をとる。あれほど複雑な平面図があらかじめ計画されていたとは考えられないだろう。建増しの結果は複雑なだけではなく、優美で調和的な全体でもあり得る。たとえば桂離宮。しかし左右相称は全体から出発することを求める。二等辺三角形は三つの頂点の位置関係の全体によって決まるので、その三点に石を置くか、三人の人物を配するかは、各点（部分）の性質とは係わらない（全体から部分へ）。部分から全体への建増し主義が左右相称に偶然行き着くことはあり得ないだろう。それは処理すべき空間の大小に係わらない。把手《とって》は襖《ふすま》の部分、襖や棚は書院の部分、書院は建物の、建物は庭園の部分である。部分と全体の関係は遍在し、部分が全体に優先する――細部は全体から独立してそれ自身の形態と機能を主張する。それが非相称的美学の背景にある世界観であろう。その世界観を時間の軸に沿ってみれば「今」の強調であり、空間の面からみれば「ここ」、すなわち眼前の、私が今居る場所への集中である。時間および空間の全体を意識し、構造化しようとする立場に立てば、相称的美学が成り立つ。相称性は全体の形態の一つだからである。

山国の「自然」にも間接の役割があるかもしれない。この国にはアジア大陸の広大な沙漠や草原がない。人は谷間や海岸の狭い平地に住み、大きな町は四方または三方を山脈にかこまれた盆地に発達する。風景はどの方向を眺めるかによって異なり、日常生活の空間があらゆる方向に均質に広がってはいない。京都の東山と西山の山容はちがう。北山と南に開ける平野とは地形が異なる。深い杉の林の斜面と大小の河川が海に注ぐデルタ地帯。ここに「自然」の相称性は全くない。自然的環境は左右相称性よりは非相称性の美学の発達を促すだろう。

社会的環境の典型は、水田稲作のムラである。労働集約的な農業はムラ人の密接な協力を必要とし、協力は、共通の地方神信仰やムラ人相互の関係を束縛する習慣とその制度化を前提とする。この前提、またはムラ人の行動様式の枠組は、容易に揺らがない。それを揺さぶる個人または少数集団がムラの内部からあらわれれば、ムラの多数派は強制的説得で対応し、それでも意見の統一が得られなければ、「村八分」で対応する。いずれにしても結果は意見と行動の全会一致であり、ムラ全体の安定である。

これをムラの成員個人の例からみれば、大枠は動かない*所与である。個人の注意は部分の改善に集中する他はないだろう。誰もが自家の畑を耕す。その自己中心主義は、ムラ人相互の取り引きでは、等価交換の原則によって統御される。ムラの外部の人間に対しては、その場の力関係以外に規則がなく、自己中心主義は露骨にあらわれる。このような社会的空間の、全体よりもその細部に向う関心がながい間に内面化すれば、習いは性となり、細部尊重主義は文化のあらゆる領域において展開されるだろう。空間の構造化は、全体を分割して部分に到るのではなく、部分を積み重ねて全体を現出させる。建増し過程のそれぞれの段階にそれぞれの全体像がある。建物の全体が部分を意味づけるのではなく、全体に係わらずに細部はそれ自身で完結した意味をもつのである。そこから非相称的空間の美学までの距離は遠くない。ヴェルサイユの庭にとって決定的なのは、全体の整然たる見透しであり、その建物にとって重要なのは、中央部と左右両翼の均衡である。桂離宮の廻遊《かいゆう》式庭園において決定的なのは各部分の風景の多様性であり、建物の魅力は部屋ごとに異なる内装の細部と窓の眺めである。この対照的な相違の背景は、思考と感受性の型のちがいであり、そのちがいは遠く自然的および社会的環境のちがいに、少なくともある程度まで由来するのであろう。しかしそれだけではない。

非相称性の美学が洗錬の頂点に達するのは、茶室の内外の空間においてである。その時期はおよそ一五・一六世紀の内乱の時代（戦国時代）と重なっていた。なぜだろうか。内乱は多くの町を物理的に破壊した（殊に一五世紀中葉の応仁の乱は長い間文化の中心であった京都を焼きはらった）ばかりでなく、社会秩序を破壊し、権力を分散させた。九州から東北地方に及ぶ各地域に武士団が割拠し、対抗し、その全体を統御する経済的・軍事的力は、 d 京都の公家にも武士権力（幕府）にもなかった。ムラ社会全体の極度の安定が人の注意を細部に向けたとすれば、武家社会の全国的な流動性（「下剋上《げこくじょう》」と内乱）、その全体の秩序の極度の不安定も、社会的環境の全体からの脱出願望を誘うだろう。ムラの安定性が用意した心理的傾向（mentality）は、全国的内乱の不安定性によって強化される。それは必ずしも因果関係ではないが、武士の頭領たちが権謀術数の世界から逃れて茶室の静かな空間へ向う傾向を援《たす》けたにちがいない。その空間は自然と歴史に抗して左右均衡の構造を主張するのではなく、自然の中で時間の移りゆきに従いながら細部を限りなく洗錬する。大きな自然の小さな部分としての庭、その中へ吸いこまれるように軽く目立たない茶亭、その内部の明かり取りの窓、窓の格子に射す陽ざしが作る虹、粗壁の表面の質と色彩、茶道具殊に茶陶、その*釉薬《ゆうやく》がつくる「景色」の変化……。そこには相称的な構造を容《い》れる余地が全くない。そこにあるのは非相称的空間であり、その意識化としての反相称的美学である。意識化（prise de conscience）は一五世紀の村田珠光にはじまり、一六世紀の千利休に到って徹底し、 e 「侘《わ》びの茶」の体系として完成する。これは一種の美学革命である（その思想的背景は禅）。その後の日本美術への影響は、広汎で深い。

注 所与……他から与えられること。
釉薬……うわぐすり。

問1 空欄a～eに入る最も適切な語を次の中からそれぞれ一つ選べ。ただし、同じものを繰り返し用いてはいけない。

① おそらく ② もはや ③ すなわち ④ しかし ⑤ いわゆる

a	b	c	d	e

2点×5

問2 空欄Xに入る最も適切なものを一つ選べ。

① 千古不易 ② 十重二十重 ③ 千篇一律《せんぺんいちりつ》 ④ 百花繚乱《ひゃっかりょうらん》 ⑤ 千変万化

3点

問3　本文には、次の一文がある段落の末尾から脱落している。どこに入るのが最も適切か。入るべき箇所の直前の五字を記せ。（句読点も字数に含む）

【脱落文】　時空間の「今＝ここ」主義を前提とすれば、それ自身として完結した部分の洗練へ向うだろう。

3点

問4　傍線部1「桂離宮や茶室の徹底した非相称性がある」とあるが、筆者はなぜ茶室がそうしたものになったと考えているか。その理由として最も適切なものを次の中から一つ選べ。

① 桂離宮の廻遊式庭園の魅力は各部分の風景の多様性にあり、また建物の魅力は部屋ごとに異なる内装の細部と窓の眺めにある。そのような桂離宮の中に茶室があり、それが結果的に非相称的な茶室になったと考えている。

② 茶室は大きな自然の小さな部分としての庭、その中へ吸い込まれるように軽く目立たない茶亭、その内部の明かり取りの窓などで構成される。そのような形が優れていて美的であるためには非相称性が必要だと考えている。

③ 内乱の時代には多くの町が物理的に破壊され、なおかつあらゆる全体的に均衡したものを滅ぼし尽したために、その後の安定期には専ら部分を志向する考えとなり、非相称性の美学の茶室になったと考えている。

④ 戦国時代を背景に、社会秩序は破壊され権力は分散された。武士の頭領たちが静かな茶室を求めた時に

は、大きな自然を取り込む小さな庭などの細部に関心がゆき、自ずと非相称性の茶室空間になったと考えている。

⑤ 茶室の美学は一五世紀の村田珠光にはじまり、一六世紀の千利休に至って徹底し、「侘びの茶」として大成していく。そのような中で禅の思想が持つ左右非相称性と融合して左右非相称の茶室になっていったと考えている。

4点

問5 傍線部2「建築的造形の相称性」とあるが、筆者は日本的な建築や庭園などの造形的な表現が非相称的である理由を一言で記している。その最も適切な七字の言葉を、文中からそのまま抜き出せ。（句読点等も字数に含む）

6点

問6　傍線部3「対句に似た修辞法は、日本やヨーロッパの詩文にもないことはないが、中国の場合にくらべれば、それはほとんど例外にすぎない」とあるが、日本に対句がほとんどないことの理由を筆者はどのように考えているか。本文中の言葉を用いて五〇字以内で述べよ。（句読点も字数に含む）

8点

問7　本文の内容と最も合致するものを次の中から一つ選べ。

① 中国の文化はかなり徹底して相称性に満ちている。それは都市計画、建築の外観と内装、家具や器から、そして定型詩の対句の技法にまで及んでいるが、しかし、現在の中国ではあまり相称性の美学は盛んではない。

② 西洋の文化はかなり徹底して相称性に満ちている。紀念碑的な建物である古代のギリシャ神殿からまた私的な個人住宅においてもそうであり、そのような相称性の美学はどこにも見られると言ってよい。

③ 中国はかなり徹底して相称性の文化を持っている。例えば紀念碑的建築である紫禁城やまた個人の住宅

である四合院においてもそうであり、また銅器や陶磁器においてもそのような相称性の美学に満ちている。

④ 中国文化における相称性の美学はかなり徹底していると言うことができる。その理由の第一は環境を理解する道具としての陰陽説にある左右相称に原因を求めることができるが、第二には対句にもあると言ってよい。

⑤ 西洋の文化は建築や絵画にかなり徹底して相称性の美学がある。これ以外にも詩（ポエム）においてもそうであり、定型詩（ソネット）のほとんどは対句の技法を凝らして相称性の美学を成り立たせている。

6点

〔出典：加藤周一『日本文化における時間と空間』（岩波書店）〕

40点

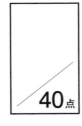

10 随筆

『文明の憂鬱』

平野啓一郎《ひらのけいいちろう》

法政大学

目標解答時間 20分

本冊（解答・解説）p.116

近代と現代との共通点を考えよう。

次の文章を読んで、後の問いに答えよ。

宗教学者のミルチャ・エリアーデは、何時《いつ》の時代でも死後の生は宗教上の重要な問題であり続けたが、「心霊学」という死後に生が存在することの証拠に関する技術及び思想が生まれたのは、精々一八五〇年頃になってからだと指摘している。言われてみれば当然のような話であるが、私は、なるほどと思った。重要なのは、その証拠が飽くまで物的なもの（動くテーブル、物音、「物化」された対象、写真に撮ることの出来る幽霊、等）でなければならなかったという点である。心霊学は、実験科学の基準を導入して霊魂の不滅を物理的顕現によって証明しようとする。そうした試みは、触知可能な証拠という固定観念の産物であり、それは、十九世紀後半の*唯物論的イデオロギーと完全に同時代的であるというのが彼の主張である。

1 この百五十年前のヨーロッパの分析は、何と今日的であろうか。キリスト教が絶対的な真実としてヨーロッパ社会に君臨していた間は、霊魂の存在など、そもそも証明する必要のない事実であった。必要があったとしても、その物理的証拠などというものは無価値に等しかったし、第一、そんなことは思いつきもされなかったであろう。霊魂というものは、何よりも肉（即ち物質性）の対立概念である。A であるということ自体が、既に霊魂の概念を逸脱している。『カラマーゾフの兄弟』の中で、イヴァンは、「あの世と物的証拠、なんたる取り合せだろう！」と叫んでいる。では何故その証拠が必要とされるようになったのか。それは言うまでもなく、キリスト教の、というよりも寧《むし》ろ宗教そのものの凋落《ちょうらく》があったからである。ニーチェが神の死を宣告したのは、二十世紀を目前にしてのことであったが、この宣告は、百年ほども前から既に瀕死《ひんし》の状態であった神に、最終的に臨終の判断を下したという勇気に於《お》いて偉大であったと言うべきである。十九世紀を通じて、神はずっと植物状態にあった。ニーチェの業績は、善《よ》くも悪くもそのチューブを外したということである。臨終の床に居合わせた者達は、或《ある》いは以前からそれに気づいていた者達は、その空隙に悩まねばならなかった。絶対者は消えた。しかし、不安は残った。寧ろ一層強くなりさえした。その空隙を満たしてくれるものこそが、科学であった。科学は、凡《およ》そ信仰の対象となったと言っても過言ではない。自然の神秘について、人間の不思議について、説明してくれるのは最早《もはや》神学ではなかった。科学であった。

こうした科学に対する信仰は、今日では廃れるどころか、殆《ほとん》ど決定的にさえなった感がある。人々は、科学的に証明された事実をこそ信じる。科学的に証明されない事実は、信じたくとも信じられない。*イェイツの生きた時代から半世紀以上も経った今日に於いても猶《なお》、心霊写真がどれほど多くの人の興味を惹《ひ》きつけることか。写真というものの物理的な仕組みからして、それが霊的存在を証明してくれることなどあり得ない。この世ならぬ何ものかが、人の目には見えなくとも写真には写るという考え方は、まったく以て奇妙奇天烈《きてれつ》な思い込みと言う外はない。私はまだしも、この目で、幽霊なり妖怪なりを見たという証言の方が、ずっと真実であると思う。2少なくとも、それが彼の人生に重要な意味を持つ限りに於いては。写真に写るという時点で、その、この世ならぬ何ものかは、結局この世の中の何ものかであったと証明されてしまうとは、どうして考えないのであろうか。或いは、実体は不可知、不可触であるとしても、一時的に物理的な仮象を纏《まと》って顕現することはあり得るという考え方であろうか。それならば、一応筋は通っている。こうした考え方は、霊魂の再受肉を認めないキリスト教社会よりも、輪廻《りんね》のイメージが漠然と世俗化されて残っている我が国に於いての方が、受け容《い》れられやすいかもしれない。が、何《いず》れにせよ、私が心霊写真を巡る現代人の反応の中に見出すものは、霊的な存在を科学的に証明したいという近代的な欲求とともに、死後の生があるとしても、それが何らかの形で物質性を帯びているか、或いは物質との接触可能性を有しているかでなければ、死の不安は決して慰められることはないという唯物論的イデオロギーの倒錯した姿である。

　こうした問題は、昨今のカルト教団の教義及び活動に見られる奇妙な科学主義に於いてもはっきりと確認される。信者の多くは、この世ならぬ存在の神秘に憧れて教団に入信する。しかし、入信した彼らを納得させるのは、奇妙にも科学的な証明である。科学的に証明されるが故に（それが、どのような証明かは知らないが）、俄《にわ》かには信じ難い怪しげな話も事実として受け止められる。**3** この不思議な現象は、心霊写真を巡る人々の心理構造と完全に一致する。似非《えせ》科学が、今日ほど人を容易に騙《だま》し得る時代はない。

　少し前に世間を騒がせた件《くだん》の*ミイラ事件の際にも、私はこうした問題の現代性をはっきりと感じた。ミイラとなった屍体《したい》が生きていることを主張する彼らは、その証明のために、飽くまで医学的な論拠を主張する。つまり、科学的に生存を証明しようとするのである。

　カルト教団が、そうした科学主義を奉ずる以上、社会はそれに対抗し、勝利する術《すべ》を持っている。科学的事実に於いて、真実は常に一つである。彼らが、屍体はまだ生きていると主張する時、それが医学的に説明される限りは、その誤りを指摘し、論破することは可能である。しかし、そうでない時には？　私は、いずれ問題となる日のために敢《あ》えて筆に上すが、或る教団が、科学的事実とはまったく別の次元で、つまりは、その教団独自の形《けい》而上《じじょう》学的事実に基づく［B］観を根拠として、医学的に見れば完全に死んでいる或る人間の死を否定する時、我々の社会はそれにどう対処するのであろうか。結局我々にしても、死とは一体何であるかという困難な問題に対しては、医学的な、即ち科学的な合意以上のものは、何ら持ち合わせてはいない。いや、医学的見解に於いても、脳死を死と認めるべきかどうかと、必ずしも統一された見解の存するわけではない。何とも心許《こころもと》ない話である。

注

＊唯物論…精神の実在を否定して物質だけが真の存在であるとし、その根源性・独自性を主張する哲学の理論。

＊イェイツ…ウイリアム・バトラー・イェイツ（一八六五―一九三九）。アイルランドの詩人・劇作家。神秘的・幻想的な作品を多く残し、オカルティズムにも関心を示した。

＊ミイラ事件…一九九九年、ライフスペースを名乗る団体がミイラ化した遺体を回復期にある病人として隠匿し、主宰者らが起訴され、有罪判決を受けた事件。

問一　傍線部1「この百五十年前のヨーロッパの分析は、何と今日的であろうか」とあるが、筆者がそう考えるのはなぜか。最も適切なものをつぎの中から選べ。

ア　心霊学は十九世紀後半の唯物論的イデオロギーに基づき、ニーチェに先だって神の実在を否定したから。

イ　心霊学の理論は霊の物理的顕現を重視し、現代における心霊写真のもつ重要な意味を予見していたから。

ウ　心霊学が実験科学の考え方を導入したことは、現代人の陥りがちな科学への盲信に通じるものがあるから。

エ　心霊学は物理学を基礎として、死後にも生が存在するという当時の固定観念を打破することができたから。

オ　心霊学の科学的な技術は現代のカルト教団によって継承され、その教義の正当性の根拠となっているから。

5点

問二　空欄 A に入る最も適切な語句をつぎの中から選べ。

ア　死後の生　　イ　実験科学　　ウ　触知可能　　エ　唯物論的イデオロギー

オ　証明する必要のない事実

5点

問三　傍線部2「少なくとも、それが彼の人生に重要な意味を持つ限りに於いては」とあるが、筆者がこのように表現した意図を説明したものとして最も適切なものをつぎの中から選べ。

ア　幽霊や妖怪を見ることができる特殊な能力は、その人の人生を変えるほどの力を持つということを強調するため。
イ　幽霊や妖怪を見たと証言することは人騒がせな妄言にしか過ぎないということを、皮肉をこめて表現するため。
ウ　幽霊や妖怪の実在は信じないが、それを見たという人を頭から否定するのは不寛容であるということを示すため。
エ　幽霊や妖怪を見るという経験は、主観的な経験としては真実であると言ってもよいという考えを表現するため。
オ　幽霊や妖怪の実在を否定しているのではなく、写真に霊が写るという非科学性を否定していることを強調するため。

□
5点

問四　傍線部3「この不思議な現象は、心霊写真を巡る人々の心理構造と完全に一致する」とあるが、両者に共通する心理構造とはどのようなものだと筆者は考えているか。つぎの形式に従って、二十五字以上、三十字以内で記せ。ただし、読点や記号も一字と数える。

心理構造

問五　空欄 B に入る最も適切な語を記せ。ただし、その語はたがいに反対の意味を持つ二字の漢字からなる。

5点

問六　つぎの中から、本文の内容と合致しているものを一つ選べ。

ア　エリアーデは、心霊学が唯物論的イデオロギーと同時代的であることを理由にその思想の正当性を主張した。

イ　ニーチェは、近代の人間は科学をこそ信仰の対象にすべきであるという考えに基づいて、神の死を宣告した。

ウ　現代人は霊的な存在を科学によって表層的に否定しつつ、深層心理では死後の世界の実在を証明したいと思っている。

エ　霊魂の実体は証明できなくてもそれが物理的な形で一時的に現れると考えることは、科学的に正しいと一応言える。

オ　カルト教団が奇妙な科学主義を提唱する時、それに対抗する方策としては、医学的、科学的な真実を示す方法が考えられる。

5点

問七　この文章の題名として最も適切なものをつぎの中から選べ。

ア　疑似科学的カルト教団の末路　　イ　心霊写真の構造心理学　　ウ　科学信仰時代の人間の死

エ　唯物論的イデオロギーと神の死　　オ　似非科学に騙されない方法

5点

40点

〔出典：平野啓一郎『文明の憂鬱』（ＰＨＰ研究所）〕

11

随筆

「流れと切れ目」

黒井千次《くろいせんじ》

学習院大学

目標解答時間 **25分**

本冊(解答・解説) p.126

「区切り」といわれるものを具体的にイメージし、筆者がその「区切り」を必要だと考える理由を考えよう。

次の文章を読んで、後の問に答えよ。

人が生きていくには、時の区切りというものが必要であるらしい。それがなければ生きられぬ、といった類《たぐい》のものではないのだが、あってもなくてもよい、と考えて過せるほど軽いものではないようだ。

A その区切りは向うからやってくる。人の一生についてみれば、幼少期や青春があり、それに続く更年期や老境がある。気の持ちようで生涯青春だと信じられたり、若くして［X］成を装う人もいるかもしれないが、長くても［ア］百年前後の個人の生を見渡せば、おおよその区切りが生命活動の消長を分けている事実は否定し難い。

いやでもそれを知らせてくれるのが、義務教育の開始される学童年齢であったり、キャンパス生活の終りを告げる就職試験の到来、勤め人にとっての定年や老齢年金の支給であったりする。制度によって押しつけられるそれらの節目は、本来は切れ目もなく生きようとする人間に、外からの明確な区切りを刻印する。

制度とはいえないけれど、還暦、古稀《こき》、喜寿、米寿等々の長寿の祝いもまた年齢の節目の表現であるだろう。

更に、而立《じりつ》、不惑、耳順《じじゅん》などとなれば、これは三十、四十、六十歳にふさわしい夫々《それぞれ》の生き方の規範を示す次第となる。日本人の寿命の伸びに従って年齢の1リンカクが大きく変化したために、今や各年齢に対応するこの種の規範はそのままでは適用なるまいが（「初老」が四十歳の異称であると辞書で知って驚いたのはもう一昔以上も前の話となった）、年齢の一定の節目で足を止め、我が身を振り返ろうとする考え方が無効となったわけではない。制度や習わしによる区分が外側からの強制であるとしたら、他方にはBそれを迎える側にとって心構えを切り替えるきっかけが用意されているのだ、ともいえよう。

区切りは年齢のみに限らない。春夏秋冬に季節を分けるのもその一つである。暦の上に節分があり、立春や立冬があることからもそれが窺《うかが》われる。

ただし、こちらも地球環境の変化による異常気象の影響か、暦の上の区分と季節感とが必ずしも重なり合わぬ場合が少くない。様々なズレはあったとしても、桜前線とか木枯《こがら》し一号などと聞けば、やはり季節の変り目の声を聞く感は深い。

季節にとどまらず、一日の中にも区切りがある。午前、午後といった時計の上の2ゲンミツな数字で捉えられた分け方もあれば、昼と夜のごとく明るさを手がかりとしたより感覚的な分け方もある。深夜の十二時を過ぎれば日付が変るのは当然だが、日中から続けて起きている人間にとって、それが素直には受け入れ難いのも事実である。午前零時のニュースを読むテレビやラジオのアナウンサーが、昨日と今日を間違えて言い直すケースによく出会う。同じ内容のニュースでも、一時間前に読んだものと日付だけは異るのだから無理はない。

五十代の終る頃までは、こちらは夜型の生活を送り、仕事は［イ］深夜に集中して明け方に寝る毎日だった。床につこうとして、ふと目を覚ました家人と言葉を交わす折に、こちらが今日のことを語っているのに、ひと眠りした先方がそれを昨日のこととして話す［Y］い違いにぶつかってよく戸惑った。どこかで日を分けねばならぬのだから、十二時前に寝た人間と昼から起き続けている者との、日付の認識に隔《へだ》りが生ずるのは避けられない。テレビやラジオの番組に、二十五時、二十六時といった表現が時折登場するようになったのは、夜型の生活者がふえて日の移り目が後に押しやられた結果であるのだろう。

そんなふうに考えてくると、本来は切れ目のない時間を区切って始まりと終りをしっかり定めようとする生き方は、正当にして文句のつけようもないものでありながら、区切り目そのものはかなり曖昧なところを残すような気がしてならない。

ただ一つ、ここにだけは截然《せつぜん》とした区切りがある、と信じてきた境目がある。生を閉じる死の到来である。時間を区切るのは人が生きていく上での必要である以上、生の終りは区切り自体の終焉《しゅうえん》を意味する。区切りの消滅ほど明確な区切りは他にあるまい、と考えてきた。ところが最近になって、［ウ］それも怪しくなりつつある気配を感じる。

脳死とか、人体や精子・卵子の3レイトウ保存、更にはクローン人間の可能性などという話題を前にすると、充分な科学的知識がないままにも、生と死の境界まであやふやな事態になりかねない不安に4オソわれる。もちろん個体の死と種の5ケイショウは分けて扱わねばならぬ事柄であろうけれど、そのあたりが前よりわかりにくくなっているのは事実である。青春の終りがいつであり、昨日と今日の境目がどこにあるか、と悩むどころの話ではない。

いやこの事態は、［エ］連続する流れを勝手に断ち切って前とは別の領域を設けようとするいわばC便宜的発想の弱みにつけこんだ、時間の復讐《ふくしゅう》であるのかもしれない。

オ ひと思いに視野を拡大し宇宙の果てまでを眺めわたしたら、人類の存続そのものにも青春や老境の区切りは刻まれているのに、我々にはそれが見えていないだけなのだろうか。としたら、その巨大な区切りの片隅で、ささやかな各自の区切りを抱えて懸命に生きていくより他に道はなさそうに思われる。

㈠ **傍線部1〜5の片かなを漢字に直して、記しなさい。**

1	2	3	4	5

2点×5

㈡ **空欄ア〜オに入れるのにもっとも適切な語を、次の1〜7の中からそれぞれ一つ選びなさい。ただし、一つの語は一箇所にしか入りません。**

1 いっそ　2 じりじり　3 せいぜい　4 そもそも　5 どうやら
6 まじまじ　7 もっぱら

ア	イ	ウ	エ	オ

2点×5

㈢ **空欄X・Yに入れるのにもっとも適切な漢字一字を、それぞれ記しなさい。**

X	Y

2点×2

㈣ 傍線部Aに「その区切りは向うからやってくる」とありますが、「向う」とは何をさしていますか。本文の中からそれを端的に示す六字の語句を抜き出して、記しなさい。

3点

㈤ 傍線部Bに「それを迎える側にとって心構えを切り替えるきっかけが用意されているのだ」とありますが、「心構えを切り替える」とはどういうことをさしていますか。その説明としてもっとも適切なものを、次の1〜5の中から一つ選びなさい。

1 年齢の一定の節目で、自分の生命活動をより一層盛んにするよう決意すること。
2 年齢の一定の節目で、自分の生命活動の消長を自覚して自分のあり方を変えていくこと。
3 年齢の一定の節目で、自分の生命とは関係なく、時代とともに変動する人生の区分を見直すこと。
4 年齢の一定の節目で、自分の生命の限界を自覚して自分にあった生活を選択すること。
5 年齢の一定の節目で、自分の生命活動を見つめ直し、年齢の節目に囚われないようにすること。

4点

㈥ 傍線部Cに「便宜的発想の弱み」とありますが、筆者は「弱み」が最近になって目だつようになったと考えています。その理由を本文全体の論旨に即して説明した次の文章の空欄に入るもっとも適切な語句を、本文の中から指定の字数でそれぞれ一つ抜き出して記しなさい（字数は句読点、記号、符号を含みます）。

［Ⅰ］（三字以内）の進歩により、［Ⅱ］（六字）さえもが曖昧な状態になり、［Ⅲ］（四十字以内）が正しいものでありながらも、機能しなくなってきたと考えているから。

Ⅰ

Ⅱ

3点×2

Ⅲ

3点

［出典：黒井千次「流れと切れ目」／『日本経済新聞』２００２年9月15日所収］

40点

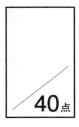

12

随筆

「『幽霊』のこと―見えないものとの闘い」

鈴《すず》木《き》忠《ただ》志《し》

青山学院大学

目標解答時間 25分

本冊（解答・解説）p.134

「幽霊」という比喩の意味を考え、「幽霊」に対するイプセン、そして筆者の立場を考えよう。

次の文章を読んで、後の問に答えよ。

世界の演劇史の中で、1その時点では認められなかったとしても、後世に強い影響力を与えつづけたものは、その時代の社会道徳やものの考え方と激しく衝突した芸術家の作品が多い。むろん、これは演劇だけに限らない。言葉に関わる表現ジャンル、宗教活動や思想運動、文学などにも見られる現象である。

彼らの作品や行動は、政治権力や民衆の怒りを買い、弾圧されたり迫害されたりしている。演劇の世界にも、こういう人たちが何人かいるが、劇作家をみると、それほど多いわけではない。その中でも、世界的にその闘いの軌跡がよく知られている一人に、ノルウェーのヘンリック・イプセン（一八二八―一九〇六年）がいる。第二次大戦以前の日本の演劇人が［A］とした作家でもある。

イプセンは、現在の人々が現代演劇というと思い浮かべるような、近代自然主義リアリズムという演劇様式を確立した第一人者とされる。家庭生活での人間関係や日常生活行為の断片をとらえ、その裡《うち》に隠されている人間の苦悩を表現する戯曲の形式を創り出したのである。そこに描かれる人間、**2** それは主人公といわれる登場人物であることが多いが、その主人公の口や行動を借りて、イプセンは既成道徳や宗教の倫理、当時の社会の不正や偽善を告発しようとした。

彼の代表作「幽霊」（一八八一年）の主人公アルヴィング夫人は、宗教倫理に基づいた義務や責任感で、人間の行動や欲望を束縛しようとしたキリスト教の牧師に対して、次のような発言をする。

「法律、習慣。この世ですべて悲惨なことの原因は、その法律や習慣が惹《ひ》き起すのではございますまいか。（中略）そんな義理や束縛にとらわれたくありません。わたくしは自由が欲しいのです」

「わたくし達はみんな幽霊じゃございますまいか、先生。それはわたくし達が父母からうけ嗣《つ》いだものが、わたくし達のからだの中に生きているというだけでなく、もう亡《ほろ》びてしまった古い思想や迷信がつきまとっているのでございますね。（中略）ちょっと新聞を読もうといたしますと、**3** 行と行の間に幽霊がしのび込んでいるのが見えます」

この戯曲「幽霊」は今でこそ名作の誉れ高いが、**4** 発表時には、世界中で上演禁止の憂き目に遭っている。イプセンの登場人物たちが既成の社会制度を支える価値観＝「幽霊」と闘っていた頃、日本は明治維新の初期である。「幽霊」が発表される約十年ほど前の一八七二（明治五）年、日本政府は以後、歌舞伎のみならず舞台芸術全般の思想的風紀的弾圧に根拠を与える次のような通達を出した。

一、上流貴紳淑女が見てもよいように卑猥《ひわい》、残酷を差し控える。二、俳優、芸人を教部省の監督下に置き、教導職に任ずる。三、史実を歪曲《わいきょく》せず、忠孝、武勇、貞節を主題とすべきこと、などである。

イプセンの「幽霊」は、この通達に見られるような考え方に、演劇という形式をもって反撃をしたような作品

であった。（中略）

現在の日本では、政府が個人の精神生活を統制し、支配するような露骨な文化・教育政策がとられているわけではない。**B**、国を憂れうる最近の政治家の発言や、教育基本法の見直しの方向を見ると、明治五年のこの通達とさほど異なっているとも思えないところがある。

イプセンが生きた社会や明治時代の社会は、当然のことながら現代の日本社会とは違っている。当時の社会は、市民社会が成立したとはいえ、宗教的価値観や伝統を重んずるコミュニティーが未《いま》だ成立していた。現代の日本社会は、コミュニティーは崩壊し、インターネットや携帯電話によって人間のネットワーク化がはかられ、その新しい環境を政府や権力者が管理、操作するのではなく、個人同士の信頼に基づいた価値観によって人間関係を構築できればという社会になってきている。

そういう時代の転換期には、理解不能な若者たちの行動や、未だ経験したことのない犯罪も出現することはありうる。**C**、百年以上も前の明治政府が確立しようとしたような価値観に基づいた生き方を目標とすることが、賢明で理にかなったことであるとは思えない。それはむしろ未来を創造すべき日本の政治家や行政官、教育者の怠慢の証しのように思える。しかし、現実の日本社会を見ると、**5**イプセンの言う「幽霊」の出現を声高に期待する人たちも多くなってきている。われわれは**D**。

問一　傍線部1「その時点では」を別のことばで言い換えるとすると、どうなるか。最適なものを、次の①～⑤から選び、番号で答えよ。

①　前代では　②　古代では　③　近代では　④　当代では　⑤　歴代では

問二 空欄**A**には「手本」の意味の漢字一字が入る。最適な漢字一字を書け。

3点

問三 傍線部**2**「それは〜多いが」のような一文は、文章の構成上、ふつう何と言われているか。最適なものを次の①〜⑤から選び、番号で答えよ。

3点

① 対句　② 引用句　③ 挿入句　④ 常套句《じょうとうく》　⑤ 修飾句

3点

問四 傍線部**3**「行と行の間に幽霊がしのび込んでいる」とあるが、どういうことか。その説明として最適なものを、次の①〜⑤から選び、番号で答えよ。

① 新聞記事の奥にはすでに既成の思想や価値観がしみ込んでいる。
② 自分は古い思想にとらわれていないと思いながら、新聞記事を読んでもいつしか批判的になってしまう。
③ 新聞社の主張が全面に主張されていて、どうしても影響を受けてしまう。

④　新聞記事のどこを見ても悲惨な出来事であふれている。

⑤　義理や習慣にとらわれることを恐れるあまりに、虚心に新聞記事が読めない。

6点

問五　**傍線部4「発表時には、世界中で上演禁止の憂き目に遭っている」のは、なぜか。筆者の考えとして最適なものを、次の①～⑤から選び、番号で答えよ。**

①　宗教的な価値や伝統を重んずるコミュニティーが崩壊しているから。

②　「幽霊」と闘っている人たちに冷水を浴びせかけるような作品だったから。

③　時代や国の事情を全く無視して、世界の風潮に倣おうとしたから。

④　法律や習慣が惹き起こす悲惨な出来事があまりにも多いから。

⑤　思想的にも風紀的にもその時代における危険な思想とみなされたから。

6点

問六　**空欄B・Cに入る最適なものを、それぞれ次の①～⑤から選び、番号で答えよ。**

B
① そうして
② しかし
③ かりに
④ やはり
⑤ 言い換えると

C
① そうであるから
② 当然のことながら
③ だからといって
④ 極端なことを言えば
⑤ なおかつ

B
C

3点×2

問七　傍線部5「イプセンの言う『幽霊』の出現を声高に期待する」とあるが、どういうことを言っているか。その説明として最適なものを、次の①～⑤から選び、番号で答えよ。

① 価値観の崩壊した国を憂えて、過去にあった価値観の再構築をはかろうとすること。
② 個人の信頼に基づいた新しい価値観を早急に希求しなければならないとすること。
③ 政治家や教育者のでたらめを許してはならないと激しい口調で主張すること。
④ コミュニティーを崩壊させた原因を厳しく追及しようとすること。
⑤ 演劇という形式でもって、古い価値観に反撃しようと意気込むこと。

7点

問八　空欄Dに入る最適な一文を、次の①～⑤から選び、番号で答えよ。

①　彼ら幽霊を恐れる日本の人たちに同情する
②　もはや日本にイプセンが生きえないのを知っている
③　再び日本にイプセンを必要とするのかもしれない
④　彼ら幽霊にとりつかれた日本人を笑うしかない
⑤　再び日本にイプセンの存在を許してはならない

［出典：鈴木忠志「『幽霊』のこと―見えないものとの闘い」／『東京新聞』２００４年７月14日所収］

40点

6点

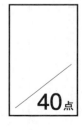

大学入試

全レベル問題集
現代文

河合塾講師 梅澤眞由起 著

4 私大上位レベル

はじめに

日本の教育が大きく変わろうとしています。グローバル化に対応して、自分の意見をはっきりと主張し、なおかつみんなと協力していける人間が求められています。学校でも積極的な発言が求められ、そういう人間を評価するように学校現場が変わってきています。つまり外部に自分をアピールできる人間が評価されるのです。

でも自己アピールが評価されるならば、誰もがそういうキャラを作ろうとするでしょう。そして若い人たちは自分が他人からどう見られるかということに敏感になり、自分の心と対面する時間を失います。だからといって他人との関係が充実しているわけではありません。だって相手を気にしてばかりいるのですから。

そういう若い人の不安定さが気にかかります。今必要なことは、他人や情報に振り回されない孤独な時間を作ることです。孤独の中で自分の心と向き合うことです。孤独の中で自分と出会い、そこから他者へと開かれていくことの中にしか、自分を安定させる道はないのです。

僕はそんな孤独な時間をこの問題集を通じて持ってほしいと思います。現代文の問題を解くことは、自分の考えの筋道をたどり、他者と出会うことだからです。そうした時間が、いつしか自分が何をどう考えているのか、他者は何を考えているのか、という想いを抱くことへと通じると思っているのです。

筆者の言葉を正確に受けとめながら、筆者がなぜこうしたことを書いているのか、ということも考えながら文章を読んでいってください。

梅澤真由起

目次

編集協力 N2／(株)友人社／渡井由紀子
装丁デザイン (株)ライトパブリシティ 糟谷航太
本文デザイン イイタカデザイン

この問題集の構成と使いかた

まずは別冊の入試問題を解きましょう。
目標解答時間が示されているので、時間をはかることも忘れずに。

問題を解き終えたら、いよいよ解説に進みます。
各講の解説は、大きく分けて、つぎの二つに構成されています。

■ **問題文LECTURE** ■ …出題された文章、つまり問題文そのものを細かく読み解きます。
読解のポイント、**ひとこと要約**などで頭の中をしっかり整理してください。

■ **設問LECTURE** ■ …出題された設問を解説していきます。自分自身がひっかかってしまった点をここでしっかり解決しましょう。

本冊で使用する記号について

ムズ…間違えても仕方のない、ややむずかしい設問に示してあります。

大ムズ…むずかしくて、かなり正答率の低い設問に示してあります。

合格点30点…〈予想される平均点＋1問分〉として示してあります。

語句ごくごっくん…問題文に登場した重要語句を解説しています。言葉を飲み込んで、みんなの血や肉になることを意識したネーミングです。しっかり飲み込んでください。

L42・L42・(L42)…問題文での行番号を示しています。

梅POINT…現代文の大事なポイントをひとことでビシッと示しています。同じ種の設問などにも共通するポイントなので、頭のひきだしに入れておきましょう。

テーマ 言語1…各講の問題文で扱われたテーマについて、もう一歩踏み込んで解説しています。

チョイマヨ…間違えやすい、〈チョイと迷う〉選択肢に示してあります。

志望校と「全レベル問題集　現代文」シリーズのレベル対応表

シリーズラインナップ	各レベルの該当大学　※掲載の大学名は本シリーズを活用していただく際の目安です。
①基礎レベル	高校基礎～大学受験準備
②共通テストレベル	共通テストレベル
③私大標準レベル	日本大学・東洋大学・駒澤大学・専修大学・京都産業大学・近畿大学・甲南大学・龍谷大学・東北学院大学・成蹊大学・成城大学・明治学院大学・國學院大學・亜細亜大学・聖心女子大学・日本女子大学・中京大学・名城大学・京都女子大学・広島修道大学　他
④私大上位レベル	明治大学・青山学院大学・立教大学・中央大学・法政大学・学習院大学・東京女子大学・津田塾大学・立命館大学・関西大学・福岡大学・西南学院大学　他
⑤私大最難関レベル	早稲田大学・上智大学・南山大学・同志社大学・関西学院大学　他
⑥国公立大レベル	東京大学・京都大学・北海道大学・東北大学・信州大学・筑波大学・千葉大学・東京都立大学・一橋大学・名古屋大学・大阪大学・神戸大学・広島大学・九州大学　他

志望大学別出題分析と学習アドバイス（2015年現在）

明治大学

学部や年度によって異なるが、国語は、大問2～3題で、うち現代文が1～2題、残りが古文（漢文が含まれる学部もある）。試験時間はほとんどの学部で60分。

現代文では、大問が2つある場合は1題が随筆となる場合もあるが、それ以外は2500字～4000字程度の評論が出題されることが多い。

設問では、漢字の読み書き、空欄補充、傍線部の内容説明、内容合致が多いが、日程によって語句の知識問題、抜き出し、脱落文補充、文学史などの設問も課される。

10字～50字以内の記述問題が出題される学部もあるので注意！

青山学院大学

国語は、大問2～3題で、うち現代文が1～2題。学部や年度によっては、これに古文が1題加わる。試験時間は基本的に60分。

現代文では、2000字程度～5000字以上まで長短幅広い評論が問題文とされ、随筆が出題されることもある。

設問は、知識問題から内容合致など読解力や文脈把握の力を問う設問まで幅広い。

立教大学

ほとんどの学部で、国語は大問3題で、うち現代文が2題、古文が1題（現代文・古文・漢文が1題ずつという学部もある）。試験時間は75分。

現代文では、2000字～4000字程度の評論が2題出題されることが多いが、うち1題が随筆になることもある。

設問は、傍線部の内容説明・理由説明をはじめ、内容合致など読解力重視型。

中央大学

学部や年度によって異なるが、国語は大問3～4題で、うち現代文が1～2題という問題構成が多い。試験時間は60分。

現代文では、2500字～4000字程度の評論が出題されることが多い。

学部によっては、記述問題、筆者の表現の意図を問う問題なども出題される。

法政大学

学部や年度によって異なるが、国語は大問4～5題で、うち現代文は1～3題、残りが漢字・語句・文学史などの知識問題と古文という問題構成（漢文が含まれる学部もある）。試験時間は60分（一部90分の学部もある）。

現代文では、2500字～5000字程度の評論が出題されることが多い。

設問では、漢字、傍線部の内容説明・理由説明、内容合致が多い。

日程によっては、文学史や20字～60字程度の記述問題も出題される。

学習院大学

ほとんどの学部で、国語は大問3～4題で、うち現代文は2題、残りが古文（知識問題や漢文が含まれる学部もある）。試験時間は90分。

現代文では、2500字～3500字程度の平易な評論が出題されることが多い。設問は、語彙力問題、知識問題が多い。

前の年に起こった時事問題を扱った新聞記事が問題文にされることも多い。

立命館大学

年度や学部によって異なるが、国語は大問3～4題で、うち現代文は2題、残りが古文や漢文。試験時間は80分。

現代文では、2500字～4000字程度の評論と随筆文や小説が1題ずつ出題されることが多い。

設問は、漢字、熟語・諺《ことわざ》、空欄補充、傍線部の内容説明、脱文挿入、抜き出し、内容合致、文学史など。

問題文も設問の形式も多様。

関西大学

ほとんどの日程で、国語は現代文1題と古文1題という問題構成。試験時間75分。

現代文では、基本的に3000字程度の評論が出題されるが、学部や年度によっては6000字を超える長文が出題されることもある。

漢字問題と記述問題に注意！

現代文について

問題を解く前に、みんなに、どうやって問題を解くかという自分なりのスタイルを考えてほしいと思います。たとえば読みながら解くのか、一度最後まで読んでから解くのか？　まあ絶対ではないですが、僕は一度最後まで読んでから解くことを勧めます。そのほうが文章全体が視野に入るからです。読みながら解くと、問題文の読解が中断されるし、またたとえば、まだ読んでないところに解答の根拠があるのに、それを見ないで、ただ単に今まで読んできたところに書いてあったことが書いてある選択肢を○にしてしまう、なんてリスクがあります。ただし時間が足りない人は意味のブロックごとに問題を解く（あるいは、つぎの傍線部のところまで読んで、前の傍線部の問題を解くとか）、というのも仕方がないと思います。そのときはまだ読んでないところに根拠があるかもしれないと思うことと、全体の流れを意識すること、を忘れないでください。そして、つぎのポイントを忘れないでください。

梅 POINT

選択肢問題は、すぐに選択肢を見ないで、問題文からヒントや正解の要素をつかみ、それを含んでいる選択肢はどれか…という積極的な方法で選ぶべし。それでも手がかりがつかめない場合は消去法*に転換すべし。

梅 POINT

消去法*で傍線部問題を解くときにも、単に問題文に書いてある・書いてない、という理由だけで○×にするのではなく、傍線部や設問の問いかけとマッチしていることを正解の基準にすべし。

＊消去法…間違いや問題文に書いていないことを含む選択肢を消していって、正解を選び出す方法。

では、一応僕が勧める、「一度最後まで読む」というスタイルで、つぎのページに「現代文のお約束」を書いておきます。

「現代文のお約束」

学習する上でのこころがまえ

◆時間配分に注意

どんなにむずかしい文章でも、問題文の読解に時間をかけすぎてはいけない。もち時間の60％は設問の吟味に使おう。

◆二段階のチャレンジ

❶時間を決めて（一題平均25～30分）、アラームを鳴らすとか、ホントのテストのつもりで解く。

❷その2、3日あとに、他人の立場に立ち徹底的に自分の解答にツッコミを入れて、なぜこの解答にしたのか、他人に説明できるようなチェックを行う。最初のテスト時間内にできなかった部分や、あとで書き換えた答えは青で記す。もとの答えは残しておく。

解法の手順

1 設問を見る

① 傍線のない設問（趣旨判定以外）は**問題文全体を意識しよう**。相違点説明・分類分け・違うもの探しなどの設問は**対比を意識しよう**。

② 脱落文補充・整序問題・正誤修正問題があるか、を確認しよう。時間がかかるので時間配分に注意！

③ 記述問題・抜き出し問題があれば、該当する傍線部の表現を覚えておこう。

2 〈大きな（＝マクロな）つながり〉をつかむ

テーマを読み取り、文章の大きな（＝マクロな）つながりと意味のブロックをつかもう。初読は最大でも10分で済ませる。わからないところは読み飛ばす。細かく読みすぎない！ 可能ならば、頭の中でもよいから、テーマを20字程度でまとめる。

● 文構造の種類

イイカエ

Aに傍線を引いて、もう一方の内容（A´）をもとに説明させたり、Aと同じ内容の部分（A´）を手がかりにしてAを説明させたりする設問が作られる。

A´＝A

A…言葉には複数の意味がある
＝
A´…言葉は多義的だ

具体（例）と抽象（まとめ）

イイカエの〈つながり〉の変形バージョン。具体例（A）の部分に傍線を引き、Aを抽象化させたり、イコール関係にあるまとめ（A´）の部分の内容を問うたりする設問が作られる。

A（例）＝A´（まとめ）

A（例）…父は今日も残業だ
＝
A´（まとめ）…日本人は勤勉だ

対比

二つの対照的なことがらを比べ合うのが対比。二つの違いを問う相違点説明や、同じグループにある語句の組み合わせを問う設問などが作られる。Aに関することが離れた所にもう一か所あれば、それをつなぐとイイカエの〈つながり〉が作られることにもなる。

〈B〉↔A

A…文学は主観を重んじる
↔
〈B〉…科学は客観性を重んじる

因果関係

論理〈つながり〉のメイン。問題提起をした文章や「どうしてか」ということを追究した文章では、結果や事象（A）に傍線を引き、その理由（B）を問うという設問などが作られる。理由説明問題がある場合は、展開のある文章であることが多く、視野を大きくもち、論理的に整理していくことが求められる。

A（結果）←B（理由・原因）

A（結果）…科学の発展
←
B（原因）…産業革命

● 初読の際の具体的な作業

① 段落冒頭の接続語・指示語や段落間の共通語句をチェックし、段落同士の話題のつながり、境界・区分け（意味のブロック）を把握する。

② 対比（二項対立・日欧比較文化論・近代とほかの時代・筆者の意見とほかの意見や一般論との対立）をつかむ。できたら、対比関係にあることがらのどちらか片方を〈　〉で囲む。

③具体例は軽く読む。「このように・要するに・つまり」などで始まる〈まとめ〉の部分に傍線を引く。

④引用、比喩もイイカエ関係なので、具体例と同じように扱う。

⑤問題提起とそれに対する筆者の結論に傍線を引く。

⑥筆者の考えが強調されているつぎのような箇所や、繰り返されている内容に傍線を引く。

「もっとも大事なことは～」

「～こそ必要である」

「～しなければならない」

「このように（して）～」　＊まとめの表現

「～ではない（だろう）か」　＊打ち消しを伴う問い

注意点

・傍線は引きすぎないように。自分が大事だと思う箇所に傍線を引くのではなくて、筆者が大事だということを示している右のような箇所にだけ傍線を引く。

・漢字と分類問題・違うもの探しなどは初読のときに解いてもよい。

3〈小さな（＝ミクロな）つながり〉をつかむ

設問ごとに、改めて問題文をチェック。

①傍線部が、傍線部を含む文の中でどんな位置にあるか確認する（傍線部の主語は？ 述語は？）。

②解法の手がかりを得るために、傍線部前後の**接続語**と**指示語**を意識する。

③傍線部の近く、あるいは遠くの**イイカエ関係**に注目する。

●傍線部問題の注目点

①傍線部自体の意味・難解語の解読には語彙力が必要（内容説明問題ならその語句のイイカエを考える）。

②傍線部やその前後の表現と同じか類似の表現をチェックして、それらと同じ表現のある箇所をつなぐ（内容説明問題ならイイカエ部分を考える。理由説明問題ならイイカエのある部分の前後に手がかりを探す）。

●空欄補充問題の注目点

①空欄が、空欄を含む文の中で主語・目的語・修飾語・述語のどれにあたるか判断しよう。

②空欄と前後の語との〈つながり〉を確認しよう。
③空欄の前後の文との小さな〈つながり〉を指示語・接続語で確認しよう。
④空欄前後の表現と同じか類似の表現をチェックして、それらと同じ表現のある箇所をつなごう。
⑤問題文全体や段落のテーマや筆者の立場、ことばづかいと合致するものを空欄に入れよう。

4 趣旨判定問題などを解く

趣旨判定問題は、間違いを見つけたり、問題文に書いてあるかないかを吟味したりする消去法でいいが、ほかの問題は自分でヒントや正解の要素をつかみ、それを含んでいる選択肢はどれか、という積極的な方法で正解を選ぶ。問題文に書いてあるから、という理由で単純に◯にしてはいけない。

復習しよう

①解説を読もう。
②問題集に書き込むなら最初にまっさらな問題文をコピーしておいて、文章の全体の流れ（大きなつながり）を意識し、自分のことばでかみ砕いて読もう。
③声に出して誰かに説明するように、それぞれの設問の解きかたをもう一度確認しよう。
④語句を確認しよう。
⑤200字程度の要約を行う。各講に載っている「200字要約」と照らし合わせてみる。できれば誰かにチェックしてもらおう。
⑥数学と同じで、同じ公式を違う問題で使えることがポイント。なので、今まで書いてきたようなルールを確認し、すぐに新しい問題にチャレンジしよう。

1 評論

「『病気＝病い』とは何か」

学習院大学

別冊（問題） p.2

解答

設問	番号	解答	配点
(一)	1	馴染	2点×5
	2	怪我	
	3	欠陥	
	4	侵入	
	5	欠如	
(二)		息災	2点
(三)		たんなる生体の異常反応	5点
(四)		5	5点
(五)	1	×	3点×6
	2	○	
	3	○	
	4	×	
	5	○	
	6	×	

ムズ　(一)1、(二)、(四)

合格点 31点　／40点

問題文LECTURE

語句ごくごっくん

L4 **抽象**…個々のものごとから、それらの特徴を切り捨て（＝捨象）、共通性だけを抽《ひ》き出すこと。抽象化…共通点に基づいてまとめること⇔具体・具体化

L15 **観念**…心や頭の中にあるイメージや考え方。「観念する」という形で「あきらめる」という意味になる

L28 **具体**…はっきりした形のあるもの、現実のものごとに即していること。具体的…現実に即しているさま

L29 **象徴**…抽象的なものを具体的なものに置き換えること。あるいはその具体物自体

L31 **ポジティブ**…積極的。肯定的

L43 **手垢《てあか》に汚れる（まみれる）**…使い古されたさま

読解のポイント

Ⅰ
●〈近代医学〉
・「病気」はすべて生物の体の異常反応にすぎないと、生物学的に考える
⇔
○筆者
・観念や精神をもつ人間の生きざまの表現↓もっと「病気」の意味を肯定的に考えるべきだ

Ⅱ
●〈近代医学〉
・「病気」を「病原」のせいとして、それを除去しようとする操作主義
⇔
○筆者
・「病気」を治すことは、「病気」の意味をとらえ、生そのものを回復することだ↓医学全体が「病気」に対する理解を変える必要がある

問題文は、第5段落冒頭の「もう一つ」という語句で、話題が変わります。ここが意味のブロックの切れ目だと考えられます。こんなふうに、**形式段落にはこだわらず、段落冒頭の接続語・指示語や、使われている語句の変化による話題（テーマ）の変化などを意識して、内容的なまとまり＝〈意味のブロック〉に分けることが大切。**

またこの問題文では「近代医学」が考える「病気」と、筆者の考える「病気」とが**〈対比〉**されています。そのことも意識してください。では問題文を二つの意味のブロックに分けて見ていきましょう。

Ⅰ「病気」のもつ意味（冒頭〜L32）

テーマ　近代医学

近代という時代の話です。**近代**という時代は人間が、神のかわりに世界の中心になりたいっ！　と考えた時代です。そして科学は、人間が世界を支配するための戦略として発展するのです。近代科学は、**理性**をもった人間（＝**主体**、といいます）が、観察する対象（＝**客体**）とは異なったレベル（＝次元）に立ち、その対象を分析することで、対象がもつ法則や真理をゲットすることができると考えました。こうした考えを**主客二元論**といいます。〈**主体**〉と〈**客体**〉とが二つの別の次元にあるから〈**主**

客二元〉ということです。デカルトというおじさんが考えました。こうした二元論は**理性**を大事にするので、**近代合理主義（＝理性によってものごとの法則をとらえたり行動したりすることが重要だという考え方）**のもとになります。

もちろん医学も科学なので、こうした考え方の影響を受けます。たとえば理性は精神の中にあると考えられるので、精神と区別される肉体は〈客体〉の側に回ります。〈客体〉は〈主体〉という理性をもった観察者によって支配される、人間とは別の物体です。ですから人間のものであるはずの肉体が物体・物質として扱われます。つまり観察する主体＝医者と、観察される患者の肉体＝客体、という二元論が近代医学の中に作られる。

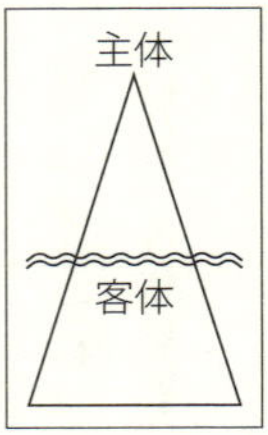

そして〈主体〉と〈客体〉は別なだけじゃなくて、〈主体〉のほうがエライっ！　という価値観がそこにはくっついています。だから〈客体〉である患者にくっついている「病気」も「マイナス」になります。

筆者は「歴史的転換点」を迎えているといわれるこの時代に、「病気」についての「理解」もこれまでと変わるべきだといいます。***L*** **3**に、「じゃないかと思います」で終わる文がありますね。

梅 POINT　**「では（じゃ）＋打ち消し＋か」は日本語の強調構文。筆者の主張が示されることが多いと心得よ。**

だからこの***L*** **3**は大事です。ここと、「病気」を「マイナス」に見る「近代医学」が対比されていることに注目してください。筆者の立場がわかりますね。「病気」＝「プラス」とまではいかないにせよ、「病気」にも「意味」があるって考えるべきだ、と筆者は***L*** **7**に書いています。

じゃあ、その「意味」ってなんでしょう？　それを説明していくのが***L*** **8**以降です。「生・老・病・死苦」はお釈迦《しゃか》様も悩んだ、人間の根本問題です。病気について考えることは、動物にはできない。観念や精神をもつ人間だけが、「病気」について考えることができる。だから「病気」はただの生物学的な現象ではないのです。人間が生きるということは苛酷です。ツライことです。今は物質的にはなんとか不自由しない人が多いかもしれませんが、精神的にはツライ人も多いでしょう。僕もこの本を書いていて、もともと悪い腱鞘炎《けんしょうえん》が悪化してます。僕の今までの「生きざま」（*L* **29**）がこの指の痛さです。だからこの痛さ、「病気」という具体的なものが、僕の「生きざま」という、抽象的（＝はっきりとはつかめない）なものを示している。つまり「象徴」している。こう考えると、痛みや「病気」は、僕たちに、〈どうやって生きてきたのか、これからどうやって生きていくのか〉を問いかけるものとなります。だから筆者は、**「病気」自体はツライかもしれないけど、「ポジティブ」な「意味」をもつのだ**、といっているのです。

Ⅱ 「病気」に向き合うこと（*L* 33～ラスト）

そして「もう一つ」、筆者は「近代医学」に文句をいいます。「操作的治療主義」、聞き慣れないことばだと思いますが、たとえば、「病気」は肉体の外から「病原」が「侵入」したのだから、その「病原」をやっつける「操作」＝「治療」をすればいい、という考え方です。これだと、悪いのポイ、それでおしまい、になりますから、「病気」とその患者の生きざまとの関わり、なんて考えません。

これに対して、「病気」には「意味」があり、「病原」は「人間の存在の仕方そのもの」（*L*35）にあると考える筆者は、「病気」が治るときにも、その患者の「生きている生の力」＝「自然治癒」力が出てくるように、自分の生きざまを考え、「病気」の原因になった「状況を整え」、その中で「病気の意味をきちんと捉えかえしていく」時間として治るプロセスを考えるべきだと述べます。それは「癒す」ということであり、「病気」の最中には考えられなかったかもしれない「病気」の意味を考えていく時間なのです。単に「病気」と闘うのではなくて、そういうふうに「病気」と向き合う姿勢を大事にすること、それが「病気」に「意味」を見いだすことです。そういう方向に「医学全体」が変わっていくべきだと筆者は主張しています。

ひとこと要約

病気はその人の生きざまそのものである。

200字要約

満点30点

[a]近代医学では病気をたんなる生物学的なものだと考えるが、[b]病気に対する理解を根本的に変え[c]病気を肯定的に考えていくべきである。なぜなら[d]病気は精神をもつ人間

だけのものであり、[e]生の苛酷さの現れであり[f]個々の病気はその人の生きざまの産物だからである。[g]またそれゆえ病気は単に除去すればよいのではなく、[h]その人の自然に回復する力との関係の中で病気の意味をとらえていくと[i]いう方向に医学全体が変わっていく必要があるのである。（200字）

＊hがないとiだけでは×。

a・d・e・f・g・h…3点／b・c・i…4点

設問LECTURE

(一) 漢字問題（書き取り）

1の「馴染み」が書けなかったかもしれませんが、一度出て来た漢字は絶対忘れないようにしましょう。

解答 ムズ **1 馴染　2 怪我　3 欠陥　4 侵入　5 欠如**

(二) 空欄補充問題（知識問題）

「一病息災」は〈持病が一つくらいあるほうが、無病の人よりも健康に注意するので、かえって長生きする〉、という意味。「無病息災」（＝病気もせず元気なこと）。「息災」（＝無事、達者、元気）も覚えておきましょう。

ムズ **解答** **息災**

(三) 抜き出し問題

対比に注目です。筆者は〈近代医学〉に批判的ですね。その〈近代医学〉の中では、「病気」は「生物学的なもの」としか考えられていません。筆者の立場からすれば、この考え方は「病気」をマイナスと見なすもので、「病気」の定義としては認められないものです。

では、どうして筆者はこの定義を認めないのでしょうか。それは筆者が、「病気」は「生物」すべてがかかるものではなく「人間」だけがかかる、「意味」のあるものだと考えているからです。このことについては傍線部**B**に書いてあります。図にするとつぎのようになります。

a　〈近代医学〉…病気＝生物学的なもの（**＝傍線部A**）
　　　＝マイナス

⇔

b　筆者　…病気＝人間に固有なもの＝プラス

つぎに傍線部**B**とその前を見てください。そこには、

a´〈動物〉の病気＝たんなる生体の異常反応
⇔
b´ 人間の病気　＝ほんとうの意味での病気

とあります。筆者の考える「病気」のありかたとして**b**と**b´**が対応するのはわかりますね。すると**a**と**a´**が同じグループだと考えていいでしょう。筆者からすると、この二つはどちらも「人間」の「病気」に対する考え方として認めがたく、その点で同類なのですから。それに傍線部**A**と傍線部**B**の前後は、「生物」と「動物」・「生体」というふうに、表現の上でも似た部分があり、対応する箇所だと考えられます。このように**二つの対比関係を重ねて**、傍線部**A＝a＝a´**と考え、**a´＝たんなる生体の異常反応**を解答とすればいいでしょう。「たんなる」まで入れないと字数条件を満たさないので注意しましょう。傍線部**A**を、筆者の考える「病気」ではない、ととらえ、同じように筆者の考える「病気」ではないものを探す、という考え方でもいいですが、つぎのことも忘れずに。

梅POINT 文章を読むときだけでなく、設問を解くときにも対比を意識し、手がかりにすべし。

解答 **たんなる生体の異常反応**（11字）

四 **傍線部の理由説明問題**

傍線部**B**の理由が問われています。そのことを意識すれば、傍線部直後が「それは……ことから生ずる」というふうに、傍線部の理由を語っていることがわかります。でも単に「人間」が「観念」や「精神」、「意識」をもっているというだけでは、なぜ「人間にしか」「病気」が

「ない」と考えるのか、わかりません。「病気」と「精神」

とのつながりがわからないからです。そこで**L25**～を見てください。「生きるということ」は「苛酷」であり、人間はずっと「思い悩ん」できたと書いてあります。「思い悩ん」だりするには「精神」や「意識」が必要でしょう。犬や猫は悩まない。「精神」をもつ人間だけが、「生の苛酷さ」を引き受け、「悩」み、その「表現（＝結果）」として「病気」になるのです。これで「精神」と「病気」

の関係がわかりましたね。つまり、

> **a**　人間には精神がある
> ↓
> **b**　生きるつらさの中でいろいろと思い悩む
> ↓
> **c**　病気になる

ということです。だから「病気」は「人間にしかない」のです。この内容に該当している**5が正解**です。「人間のみが有する」という部分は「苦悶《くもん》」にかかります。「苦悶」は〈苦しみもだえること〉です。なのでこの部分は〈人間だけが〈精神をもつから〉悩む〉と説明していることになります。つまり**a**・**b**を述べているのです。「自然や人間の関係の中で」という部分は、*L* **26**に書いてありますね。**5**以外の選択肢は、**a**・**b**二つの内容がないからダメ、でよいのですが、一応迷う選択肢としては**3**チョイマヨがあります。前半部は**a**と対応しているからです。でも「自分の健康の絶対性を信じることができる」という内容は傍線部の理由になりませんし、問題文にも書かれていません。**1**は「崇高な哲学にまで高める」という部分が問題文に書かれていませんし、**1**のように説明すると、筆者が認めていない「生物学的な苦しみ」を認めることにもなります。**2**は「言葉によって……」以下が問題文にナシ。**4**はやはり人間を「生物」として認めることになり、人間とほかの生き物を区別している筆者の立場と食い違います。

　最初だから書いておきますが、

梅 POINT

1. **問題文に手がかりや根拠、正解になくてはならない要素を見つけるべし。**
2. **それから初めて選択肢を見るべし。**
3. **自分が得た手がかりや要素を含むものを積極的に選ぶべし。**

　この手順を基本にしてください。手がかりが見つからないときには、サクッと消去法に切り替えましょう。つまり、選択肢を一つずつ、①問題文に書いてある内容かどうか、②間違いはないか、③傍線部や問いかけに対応しているか、を吟味して消去していくのです。でも、そうしたやり方を初めからしないでください。自分で考える、このことでしか読解力はつかないからです。

ムズ 解答 5

㈤ 傍線部に関する内容説明問題

傍線部C自体も筆者の主張ですが、設問はこの傍線部からジャンプして「病気にかかった時に、具体的にはどうすればよいのか」を「本文の趣旨」に照らし合わせて考えろ、といっています。「病気にかかった時」の話はどこに書いてありましたか？ さっき「**問題文LECTURE**」で分けたⅡの部分ですね。つまり設問を作った大学の先生は、Ⅱの部分の内容をまだ問うていないことを考え、Ⅱの部分で設問を作りたかった。でも最後の二つの段落に傍線を引くと、答えがすぐにわかってしまうので、Ⅰの最後に傍線を引いて、最後の二つの段落の内容を考えさせようとしたのだと思います。これは意地悪のように思えるかもしれませんが、傍線部と、傍線部から離れた部分とを結びつけられるかどうか、つまり〈つながり〉をつかむ力＝論理力があるかどうかを試そうとしているのです。みんなも「それならあるぞっ！」と解いていきましょう。

そこで〈近代医学〉と「筆者の考え」との対比を踏まえ、「本文の趣旨」を確認してください。もちろん、とくに「治療」に関するⅡの部分の対比に注目しましょう。すると**2**は「その人の生が自然に回復する力が出てくるように」（L41）と、**5**は「自分の病気の意味をきちんと捉えかえしていく」（L42）という最終段落に書かれていることと一致します。まず**この二つが○**。

そして**3**「自分に不足している栄養素を補うという方法」はL38に書かれた「不足しているものを補なってやればいい」という〈近代医学〉の「操作主義」の「方法」です。それに「頼らない」ようにするというのは、逆に筆者の考えになるので、**これも○**。

4のように、「操作的治療によって」といっちゃうと、いくら「自然な治癒力を高め」るといっても〈近代医学〉の側になってしまうので**×**。**1**「病気のことを忘れて愉快に暮らす工夫をする」というのは問題文に書かれていないことだし、「病気のことを忘れて」しまうと、「病気」の「意味」を考えろ、という筆者の立場とガチンコします。なので**×**。最後に**6**。筆者は、現代が「考え方」の

「転換期」であり、「病気」に対する考え方も変えるべきだとはいってます。また「病気」が「その人の生きざまの象徴」だともいってます。ですが、そのことと、6のように「病気」そのものが「現代社会の転換期」を「象徴（＝具体的に示す）」するものだ、ということとは意味が違います。筆者が述べていることではありません。×です。**強引に問題文にある語句をつなげた選択肢、よくあるパターン**ですが、引っかからないように。

解答　1×　2○　3○　4×　5○　6×

2 評論

『死なないでいる理由』

立教大学

別冊（問題） p.8

解答

問	解答	配点
(A)	(イ) 授　(ロ) 看板	1点×2
(B)	(a) うと　(b) うしな	1点×2
(C)	4	3点
(D)	2	4点
(E)	5	4点
(F)	イ 1　ロ 1　ハ 2　ニ 1　ホ 2	2点×5
(G)	イ 1　ロ 2　ハ 2　ニ 2　ホ 1	3点×5

ムズ (B)、(E)、(F)ハ、(G)ニ

大ムズ (C)

合格点 28点

/40点

問題文LECTURE

語句ごくごっくん

L14 **主体的**…自分の意志と責任の自覚をもって考え、行動するさま

L15 **主体性**…右の「主体的」であるような性質

L16 **しからば**…そうであるならば

L17 **客観的**…個人的な考えや見方から離れ、誰にとっても変わらないさま

L29 **言わずもがな**…いうまでもない

L42 **分節する＝分節化**…一連のものを区切ること

L45 **誇張**…大げさな表現。デフォルメ

L47 **志向**…心が一定の目標に向かって動くこと

L47 **シンクロナイズ**…動きを一致させること

L48 **潜勢的**…内部にひそんで外に現れないさま＝潜在的

読解のポイント

・〈うまれる〉という日本語

＝

・産み落とされる側の、産んでもらったという意味を含む

↓

・〈わたし〉という存在そのものは、他者によって成り立っている

問題文は、「うまれる」という日本語を例（＝引用）として挙げ、その語が「産み落とされる側のその立場に身を寄せた表現である」という〈まとめ〉を第7段落（L32）でします。例と〈まとめ〉はイコールだから、ここまでを一つのブロックとします。第8、第9段落は「名」も「表情」も他者から与えられるという内容で、並列。ひとまとまりにしましょう。最後の段落も第8、第9段落と並列ですが、「さらにさらに」と強調されているので、独立させます。で問題文を三つに分けて見ていきます。

I 「うまれる」という日本語（冒頭〜L38）

「うまれる」という語は自動詞で、目的語が要《い》りません。「赤ちゃんがうまれる」で文になります。また「赤ちゃんをうむ」という他動詞の「うむ」が使われた文を、目的語である「赤ちゃん」を主語にした文＝「赤ちゃんがうまれる」にすれば、「うむ」の受動形として「うまれる」が現れてきます。「受動形」はふつう「意志」と関係ないことがらを表すことが多いのですが、日本語の「受動形」は「他者の作用を受ける」「主体の感情や意志をも表現する」（L9）のです。これをいい直せば「他者」（＝母親）がした「うむ」という「作用（＝働き）を受け」た「主体（＝赤ちゃん）の感情」も表す、ということです。これは金水《きんすい》さんという「日本語の専門家」の説なのですが、金水さんが、「うまれる」は「産み落とされる側のその立場に身を寄せた表現」（L17）だと述べていることを筆者は紹介します。

たしかに、母親の立場に立って「赤ちゃんをうむ」とはいえるけど、赤ちゃんの立場に身を寄せた場合、「（赤ちゃんが）うまれる」というほうが自然です。また「卵」という、まだ生命となっていないものは、感情などをも

たないから、「うみたての卵」でいいけれど、「ひよこ」になると生命をもつ「主体」として認めることができるので、「うまれたてのひよこ」というほうがふさわしい。

そして金水さんの説のポイントを第7段落（L32）で、「決定的なのは、『〈うまれる〉とは……産み落とされる側のその立場に身を寄せた表現……』」だと〈まとめ〉ています。「決定的なのは」という表現に、筆者が、これをいいたかったんだな、というものを感じますね。そしてこの「産み落とされる……」というのは「うまれる」という語に即したいいかたなので、筆者はそれを一般的にイイカエて、「ある存在をその存在のほうから見る」と記します。これはちとむずかしい表現ですが、「産み落とされる……」を「つまり～」とイイカエたのですから、「ある存在」＝「赤ちゃん」・「ひよこ」と考えればいいのです。うまれた「存在」である赤ちゃんを、その「存在」＝「赤ちゃん」の側から見る、ということです。すると、受身形の「うまれる」には、「産み落とされ」た側＝「赤ちゃん」の「感情」が含まれる。それは「産んでもらった」という「感情」です。たとえば私たちは「オレの人生だからなにしようと勝手だっ！」とかいっちゃうけど、筆者の鷲田さんは、生きてるんじゃなくて、生かされてるんだよ、ってことをいいたいんだと考えればいいでしょう。〈わたし〉と「他者」は切っても切れないのです。

Ⅱ 他者から与えられるもの（L39～L49）

他者から与えられるものは、生命だけではありません。名前ももらいます。自分が何者か、それは小さい頃自分が「○○ちゃん」とかいつも同じように呼ばれて、「なんかオレは○○というふうに呼ばれているらしい」と感じはじめ、私たちは自分というものを自覚していきます。その意味で、名前は自分の出発点です。そしてそれも他者からもらうのです。

またうれしいとか悲しいとか、そういう感情に対応する「表情」も、親や身近な他者の表情を見て学びます。もちろん子どもの中にも、表現したいという感情の目覚め＝「発生しかけている志向性」＝「潜勢的な志向性」があります。でも子どもはそれをどう表現していいのか、まだわからない。そういうときに周りの他者が先回りし、「誇張」した表情でそれを表してくれる。子どもはそれを見て、「ああ、こういうふうに表現すればいいんだな」とわかっていきます。そして、こういうときにはこういう表情をすべきだ、というようにして、自分が生きている世界の中で他者や社会に対してどんな態度や表情をすればよいのかを理解していくのです。それが「世界との関係」を理解する、ということです。

Ⅲ〈わたし〉という存在（*L*50〜ラスト）

どんなに一人で平気だと思ってる人も、誰か「他者」が自分だけを他の人とは違う存在だと思ってほしい、という願いをもつはずです。たとえば「やっぱあいつがいないとつまんない」とか、いわれたい。それが「他者の意識の宛先」になるということであり、「どのような他者のどのような他者」として自分がありえるか、ということです。「他者」から見て、自分は「他者」ですからね。そして、誰も自分を意識してくれない、いなくても誰も気づかない、それはつらい。それほど〈わたし〉は、他者を欲しており、〈わたし〉は他者に見棄てられれば、なくなってしまうのです。

テーマ　関係としての私

近代では、〈私〉は身分などから解放された自由な個人として考えられました。誰かに左右されず、自分の人生を自分自身で決めることが可能になったし、そういう生き方が重んじられました。いわゆる近代の**個人主義**です。そして外の世界や他人と関わらず、自分の世界に閉じこもり、誰とも似ていない独自の〈私〉＝個性をつくることが、〈**近代的自我**〉と呼ばれ、尊重されました。でもそうした〈自分探し〉に疲れてみると、問題文にもあるように、〈私〉は他者や外の世界との関係の中で作られていく、という当たり前のことに気づきます。そもそも誰にもない〈個性〉なんてものがほんとうにあるのか？　そんな考えから、現代では〈私〉は他者との**関係**においてつくられる、他者や外部との**関係**に対応し、その**関係**の中にいろいろな自分が現れる、そのすべてが〈私〉なのだ、と考える思想にシフトしてきています。

ひとこと要約

人間の存在は他者なしではありえない。

200字要約　満点30点

[a]「うまれる」という自動詞は他動詞の受動形でもある

が、[b]日本語の受動文は主体の感情や意志をも表現し、[c]「うまれる」は、産み落とされる側に身を寄せた、[d]産んでもらったという意味を含む表現である。[e]現代人は忘れているが、このように[f]〈わたし〉とは他者から与えられたものであり、[g]〈わたし〉は名前や表情も他者から与えられ[h]世界との関係を認識する。そのうえ[i]〈わたし〉自体も他者との関係によってしかありえないのである。（196字）

＊bは「感情」か「意志」のどちらかがあればよい。

＊iは最終段落の内容をもとにしたものであり、fとは違うものとして説明されていること。

※**具体例だからといってすぐにカットせず、主旨に関わる例はできるだけ要約に含めよう。**

a・b…2点／e・g・h…3点／c・d・f…4点／i…5点

設問LECTURE

(A) 漢字問題（書き取り）

解答 (イ) 授　(ロ) 看板

(B) 漢字問題（読み）

「疎い」は〈ものごとを知らない。関係があまりない〉、という意味。

ムズ **解答** (a) うと　(b) うしな

(C) 空欄補充問題

ちとツライ問題です。手がかりは、「困った」という「感情」と関係すること。そして「いられて」という受動形の例ですから、それが「受ける主体（この場合は先生にそばにいられた話者）の感情」や「主体的な意志」を表さなければならないということ、です。でも、どういう文脈や場面で「監督の先生にずっとそばにいられて困った」のかがわからないからツライ。先生がずっとそばにいるから、なにか監視され疑われているようでイヤだったのか、なんだかはっきりしません。根拠があまりないから消去法にスパッと転換するしかないでしょう。

そこで選択肢を見ていくと、**2**「控えめな」、**3**「あい

まいな」、**5**「あきらめの」は「困った」とズレる。**1** チョイマヨ
「怒りの」は、「困った」というのとはやはり違う。**4**の「**被害の**」は「感情」という空欄直後の表現とつながりづらいけど、「受動」の感じは出る。また「困った」のは、してほしくないことをされたからだと考えることができ、「話者」の立場からすれば、「被害」者だといえる。受動形は「主体」と関係するのだし、主体の感情を表すというのが答えの条件だったから、これが一番マシ、ということになる。でも正答率は低い設問でしょう。ただ、こういう設問もあるよ、というところを見てもらうのも、この問題集の目的なので、あえて載せておきます。

大ムズ 解答 **4**

(D) 傍線部の内容説明問題

傍線部(1)の「立場」とは「産み落とされる側」の「立場」だということは、傍線部の前を見るとわかりますね。そして傍線部は「うまれる」という「受動形」の説明をしているところです。日本語の「受動形」は、ある作用を受ける「主体の感情や意志」(L10)を表現するものでした。「身を寄せ」るというのは、〈世話になる〉という意味もありますが、この場合の文脈から考えると〈寄り添う、大切にしてあげる〉ということです。だから「立場に身を寄せた」ということは**〈その主体の感情や意志を大事にしてあげる〉**という意味だといえます。なので**正解は2**「主体性を認めた表現」。「主体」はいつも「弱い」わけではないので**1**は×。**5**の「誕生を祝福」ということと「感情や意志」を大事にすることは違います。**3**・**4**はかなりハズレ、です。

解答 **2**

(E) 傍線部の内容説明問題

傍線部(2)は〈わたしの表情は他者によって区別される〉とイイカエることができます。でもこれだけではなんのことか、まだわかりません。そこで傍線部の前後の内容を見ていきましょう。

傍線部の前の「顔」という語は、傍線部の「表情」と同じ意味だと考えられます。すると傍線部は、〈他者から表情を与えられる〉ということでもあるとわかります。

また傍線部の他者の例が「母親」です。母親は、誇張した表情で、「子どものなかで発生しかけている志向性」を「増幅」して「子どもの経験や表現の分節化を助長す

る」（L47）と書かれています。ここにも傍線部と同じ「分節」という語が使われています。

梅POINT　傍線部と同じ表現があるところはつないで、傍線部の内容を考える手がかりにすべし。

するとこの部分は、まだはっきりとしない子どもの表情に、母親が「シンクロナイズ」し、〈こういう感情を表す表情をしたいんだよね〉と先回りして、子どものしたい表情をし、子どもの表現の仕方を助けてあげる、ということです。このこととさっき傍線部をイイカエた〈わたしの表情は他者によって区別される〉とを重ねると、〈わたし（＝子ども）は自分の表情に関して、他者（＝母親）によって、うれしいときはこういう表情をするんだよ、悲しいときはこういう表情をするんだよ、と場合場合の表情を教えられる〉ということになります。場合場合に分けて教えないと「分節」にならないからです。

　すると、実は「わたし（＝子ども）の表情」は「他者（＝母親）」にリードされて、あなたはこういう表情をしたいのでしょ、それならこういう表情をしたらいいわよ、と母親によって示されるのです。それは曖昧な〈わたしの表情〉が他者によって明確なものになっていく、ということです。具体的にイイカエれば、「わたしの表情」に、これは楽しいときの表情、これは悲しいっていう表情、というふうに、母親（＝他者）によって一つひとつ意味が与えられることでもあります。これを能動形から受動形に直すと、**〈「わたしの表情」に、母親（＝他者）が、これは楽しいときの表情、これは悲しいっていう表情、というふうに、一つひとつ意味を与えること〉**とイイカエることができます。これと同じことをいっているのが**5**です。**1** チョイマヨ は「創られる」という表現がおかしい。ある表情や感情は「子どものなかで発生しかけている」（L46）ので、「相手」＝「他者」がはじめから創るわけではありません。それに「分節」は区分けすることであって、創ることではありません。

　2～**4**が、今まで述べてきたこととかなりズレていることは、わかってもらえると思います。ムズ

解答 **5**

(F) 傍線部の内容説明問題

〈わたし〉について、問題文に書かれた内容をピック

アップするとつぎのようになります。

> **a**　〈わたし〉は与えられたものである（L35）
> **b**　〈わたし〉は生命維持のため、他者による介助を必要とする（L37）
> **c**　〈わたし〉は名も与えられる（L39）
> **d**　〈わたし〉は顔（＝表情）も志向性に基づき与えられる（L41～L49）
> **e**　〈わたし〉は他者との関係なくしては存在さえなくなる（ラスト）

これらを踏まえて選択肢を見ていきましょう。

イは前半が**a**と、後半が**e**と一致します。**1**です。

ロについて。〈わたし〉とは「うまれる」ものであり、それゆえ**a**という「受動」性をもちますが、「志向性」ももつ（**d**）のが人間です。「世界に関わっている」も**L49**と一致します。なので**1**。

ハ チョイマヨ は常識で考えると正しいというイヤな選択肢です。でも、うまれたときは「生命の維持のため」、「他者による介助」が「必要」（L37～）ですが、「高齢になるまで」「介助」が「必要」かどうかは、問題文に書かれていません。なので**2**です。

ニは順番は前後しますが(E)の解答のヒントにもなります（こういうおいしいところはゲットしましょう）。(E)で確認した内容と一致してます。「関与」は母親が子どもに「シンクロナイズ」することなどを考えれば合ってるとわかるでしょう。**1**です。

ホは「他者としてのわたし」がおかしい。〈わたし〉は他者と関わり、他者と「シンクロナイズ」しますが、他者との関係によって成り立つ〈わたし〉は、「他者」ではないので、「他者としてのわたし」といういいかたは適切ではありません。なので**2**です。

解答　**イ** 1　**ロ** 1　ムズ **ハ** 2　**ニ** 1　**ホ** 2

(G) 内容合致問題

一つずつ選択肢を見ていきましょう。

イ…L17～L18の内容とバッチリ一致してます。

ロ…「捨て去られていく」が×。そういう場合もあるかもしれないことはラストの段落に書いてありますが、**ロ**のようにいうと、人間は常に「捨て去られていく」ことが宿命だということになります。そうは断定できない。

2。

ハ…*L* 36〜に書いてあるように、「哺乳類」全部ではなく、「人間」だけです。2です。

ニ チョイマヨ…「産む側の立場に立って」というのが問題文にナシ。現代人は「産み落とされる側」の感情を忘れ、「産んでもらった」ということを忘れていると書かれていますが、それは〈わたしは一人で産まれ、生きている〉ということです。それは「産む」側に立つ（＝親の立場に立つ）ということとは全然違いますね。「産み落とされる側」の感情を忘れること、イコール「産む側の立場」に立つということにはなりません。問題文に書かれていないことをいってます。2です。

ホ…「関心」という語句はラストの段落にあります。内容的にもラストの段落と一致します。

解答 イ 1　ロ 2　ハ 2　ムズ ニ 2　ホ 1

3 評論

『情報行動』

明治大学

別冊(問題) p.16

解答

問一	問二	問三	問四	問五	問六	問七	問八
X A / Y D / Z C	C	C	B	A	D	A	D
3点×3	4点	4点	4点	4点	5点	5点	5点

ムズ 問四、問五、問六、問七、問八

合格点 27点

/ 40点

問題文LECTURE

語句ごくごっくん

L3 **実在**…①実際に存在すること ②人間の認識や経験とは別に独立して存在すると考えられるもの

L9 **主観的**…「主観」＝自分だけの考え方や見方にかたよっているさま

L11 **シンボル**…①ある意味を表す記号 ②象徴

L13 **概念**…ことばで表された、ものごとについての一般的な考え

L15 **虚心**…心にわだかまりがなく、素直《すなお》なこと

L15 **よしんば**…かりに

L16 **観念**…→ p.16 語句「観念」参照

L18 **概念化**…ものごとに関する大まかな考えをことばで表すこと

L32 **丹念**…細かいところまで注意深く行うようす。心を込めて念入りに行うようす

L40 **抽象的**…→ p.16 語句「抽象」参照

L52 **神話**…①世界の成り立ちや神々の話 ②根拠なく信じられているものの見方、考え方

読解のポイント

・人間は世界をことばでおおった（＝概念化）
↓
・人間と実在の世界との間にことばが入り込んだ
↓
・実在の世界と触れあえなくなった

問題文は、「ネコ」や「耳なし芳一《ほういち》」などの例が登場する第3段落までと、それ以降の抽象的な内容とのギャップを踏まえて、二つに分けるといいでしょう。解説もその二つに分けてしていきます。

Ⅰ　概念化（冒頭～*L*34）

ことばをもたない「ネコ」は、自分の周りの「環境」にあるものに、いちいち名前をつけることなんてできません。ネコは「実在世界」と直接関わり、その中で生きています。

でもことばをもった人間は違います。「山」という名前を「山」に与えたときから、「山」は「実在」ではなく、〈高いとか雄大とか〉いう概念やイメージを与えられたものになってしまいました。いわば人間の手が入った世界になってしまったので、それはホンモノの「実在世界」ではないのです。人間の側からいえば人間は「実在世界から離脱した」のです。

「耳なし芳一」は体中に呪文（＝ことば）を書き込み、悪霊から身を守ろうとしました。この体中にことばを書き込んだ芳一と、地球上を、世界を、ことばでおおいつくした人間のしたことは似ています。世界の「概念化」＝ことば化、です。

Ⅱ　シンボルの世界と人間との関係（*L*35～ラスト）

「シンボル」は〈記号〉をも意味しますが、問題文では「ことば」のことだと考えればよいです。〈記号〉は意味を発するものです。「ことば」も意味を発します。だから「ことば」も〈記号〉だし、「シンボル」ともいわれます。

その「シンボル」＝「ことば」が世界をおおった。だから人間にとっての世界は「シンボルの世界」です。人間はそのことばを使って、「神」とか、存在するかどうか認識できないものまでも「概念」＝ことば、として作り出しました。それは世界を大きく超えるスゴイことです。でもそれは、先にも触れましたが、「実在世界」と「人間」との間を分けてしまう「クサビ（＝物と物とが離れないように、両方に打ち込んだり、間にさし込んだりする堅い材木または金属。物と物とをつなぎ合わせるもの）」にもなりました。人間が立っているのは「実在世界」ではない。「カッシラー」というこわい名前の人は、人間は「物」自体の世界と付き合っているのではない、といいました。たしかに、人間は自分が作り出したことばの世界に生きています。そしてそれが習慣になってしまっているから、ことば（＝「人為的な媒介物」（L53））を通さないと、世界を見た気がしない、そんな存在になってしまった。

また人間はことばで考える存在です。たとえば崖そのものがこわいのではなく、崖を見て、あそこから落ちたらどうしよう、あの岩が今落ちてきたら死ぬぞ、とか、ことばで「想像」（L56）してしまうから、こわいのです。こうなるともう人間は「ことば」中毒です。すると「人間は、ことばによって環境を知る」（L57）ということばも無理があります。このフレーズは、人間と「環境」をきちんと二つに分けられるものとして述べられたものです。でも先にもいったように、「環境」は人間がことばで作ったものです。「環境」自体に人間の手が入っていますから、「人間」と「環境」を分けることはできないのです。だからこのフレーズはおかしい。

ことばはスゴイものですが、このように、「人間」と「実在世界」の間を裂きました。だから「ときとして」、「実在世界」と「直接にかかわりあいたい、という欲求」が生まれます。石原慎太郎が書いた小説の中の若者はそうした「欲求」をもつ人間でした。でもそうした「欲求」も、小説ということばの世界を通してしか表現されないことを考えると、「どんなにしてみても」人間は、ことばの世界——「シンボル環境」を抜け出すことはできないようなのです。

テーマ　言語

言語とはその起源をたどれば、人間の身体的な声と切り離すことはできません。だから身体と深い関係をもちます。↓**言語の身体性**

また私たちは、世界がまずあって、それに対してことばを貼り付けていくと考えがちですが、「猫」ということばがこの世で初めて使われたとき、そこに「猫」と「猫」以外のものが分けられた（＝**分節化**）のです。そして「猫」ということばがなければ、私たちは「猫」を認識できない。そのとき「猫」はいないと同じです。とすれば、ことばが世界を創っている、ともいえるのです。↓**言語の創造性**

さらに**言語**は人間に思考や心理といえるものをもたらし、文化を形成します。だから文化を単位とした民族の間では、**言語**が民族の共同性を作り上げることがあります。なので紛争が起きたとき、相手の文化を根こそぎにするために、相手の言語を使用禁止にしたり、自分の言語を押しつけたり（例：日本による、朝鮮に対する日本語教育）することがあるのです。↓**言語の政治性**

ひとこと要約

人間はことばの世界を生きている。

200字要約

満点30点

[a]人間は、あらゆるものにことばによって名前を与え世界を概念化しつくした。さらに[b]ことばによってわれわれは非実在的な概念さえ手に入れたが、そうしたことによって[c]実在世界を離脱してしまう存在ともなった。それゆえ[d]人間はことばを通してしかものを見ることができない。つまり[e]ことばによって構成され、独自の運動法則をもつシンボルの世界に生きる存在となり、[f]もはや実在の世界に直接触れることはできなくなったのである。（196字）

＊aは、単に「世界を概念化しつくした」、「地球の表面には、もはや書き忘れられた部分は、なにものこっていない」は説明不足で2点。

＊eは、単に「シンボルの世界」だけで、「ことばによって構成された」、あるいは「独自の運動法則をもつ」がないものは不可。また、「環境がシンボル環境だ」「シンボルはくさびだ」は2点。

＊eで「シンボルの世界」（環境）を具体的に説明せず、fで単に「シンボル環境から抜け出せない」としたものは2点。

a・b・c・d・e・f…5点

設問LECTURE

問一 空欄補充問題

Xには、「実在としての環境」＝「実在世界」を説明する語句を入れます。「実在世界」は、「山」がなんのイメージや観念も与えられず、人間と切り離されて、ただ「山」という「物」としてある世界です。それは「物」の世界ですから、「**物理**」的ということができます。傍線部**2**に「『もの』の世界」とあること、傍線部**ウ**の前にも「実在の物理的環境」（L60）という語句があることもヒントになります。なので**XはA**。

Yは「抽象的」と並列されています。「抽象的」は〈現実から離れているさま、わかりづらいさま〉という意味です。**D**「**超越**」的は〈人間の世界や現実を超えているさま〉ですから、〈現実から離れている〉という意味で、「抽象的」と似ています。だから「抽象的」と並列できます。**YはD**で決まり。

Zは、「 **Z** 的な情動」＝直後の〈希望と恐怖、幻想と幻滅、空想、夢〉です。また、「空想」と「想像」（L56）がリンクしますから、「希望……夢」までと「**想像**」もイコールになります。すると**Z**には**C**が入ればいいですね。「情動（＝わき上がる感情）」を修飾する点でも「想像」は適切です。**ZはC**。

解答 X A　Y D　Z C

問二 傍線部の内容説明問題

「ネコ」はことばをもっていません。だから「無言の実在世界」を生きていくのです。これを否定表現で説明するならば、「（ネコは）環境をことばによって認識することはできない」となります。なので**正解はC**。「周囲の世界」は「環境」のイイカエ。**C**だけが「ネコ（動物）」と「環境」との関係を説明していて、傍線部**1**と対応します。**A**・**B**は「ネコ」と「環境」との関係を説明してません。**D**は「ことばによる呼びかけ」を「ひとつの信号音としてききとることはできる」（L5）ので×。 **解答** C

問三 傍線部の内容説明問題（組み合わせ問題）

梅POINT 組み合わせ問題・グループ分けの設問は、問題文の対比・イイカエに即して作られると心得よ。

このことを意識して、選択肢に使われている語句を、

二つの仲間に分けると、

> ○「シンボル〈＝ことば〉」グループ
> ・**ア**「密度の高い皮膜」…「シンボルの世界」が主語
> ・**エ**「打ちこまれたクサビ」…「シンボル」が主語
>
> ⇔
>
> ●「『もの』の世界」＝「実在世界」グループ
> ・**イ**「固い事実の世界」…人間が「生活して」いない世界
> ・**ウ**「一次的環境」…「実在の物理的環境」
> ・**オ**「非シンボル的な世界」…「シンボル」じゃないから「実在」

するとCが「実在世界」グループだけになっているので、正解。

解答 C

問四　傍線部の内容説明問題

先にも書いたように、「耳なし芳一」は体中にことばを書きつけました。人間も「環境のすべての部分に名前をつけ、概念化を進行させてしま」（L18）いました。その例（喩《たと》え）として「耳なし芳一」が登場します。ですから傍線部**3**は〈環境のすべてにことばが与えられている＝「概念化」されている〉ということをいっているのです。なので**正解はB**。

A チョイマヨは、「場所」に「地名がつけられている」という内容が△。たしかに「地球上のすべての場所」に「名前」がつけられたという内容は傍線部の前にあります。でも段落全体の内容や「耳なし芳一」が出てくる部分では**「環境」**という、**「場所」だけではなくわれわれを取り巻く事物の世界全体**を指すことばが使われています。また筆者が問題にしているのは、「名前」ではなく、その根本にある「ことば」です。「耳なし芳一」も「名前」を体に書き込んだのではなく、悪霊を退散させる「呪文」＝「ことば」を書き込んだのです。すると筆者が傍線部でいおうとしていることは、「場所」に「地名」をつけた、という限られた内容ではなく、地球という人間のいる世界全体がことばでおおわれている、ということだと考えられます。なのでやはりBのほうがいいです。**傍線部の内容説明問題は傍線部から出発しますが、傍線部前後の文脈や問題文全体の内容も考えて答えましょう。**

Cは「宇宙にまで」という部分が問題文には書かれていますが、傍線部は「地球ぜんたい」なので、傍線部とズレてます。**D**は、「ことば」が「呪力」をもつとは問題文に書かれていないし、**D**のようなことを傍線部が述べようとしているのではないので×。「耳なし芳一」はことばが世界をおおったことを表す例（＝喩え）です。ことばに「呪力」があることを示す例ではありません。

ムズ 解答 **B**

問五 傍線部の内容説明問題

傍線部**4**は「ことば」が「実在世界」と「人間」を切り離したことを忘れ、「ことば」の作り出したホンモノではない世界を生きていることを述べていることは、傍線部の前に「対応する実在がなくなっているのに、ことばのほうは、どんどんと中空を歩きつづけ」とあることからわかります。また傍線部の「闊歩《かっぽ》」という語は〈ゆったり堂々と歩く〉という意味。この語は、やはり傍線部の前の「すこしもたじろいだりしない（＝しり込みしない、ビビらない）」という表現と対応しています。すると傍線部は〈ことばが実在世界と人間を切り離したことを忘れ、ことばの作り出した、ホンモノではない世界でなんの不安もなしに人間が生きていること〉を皮肉っぽく述べているのだといえます。これと一致する**Aが正解**です。「平然と」は「闊歩」のニュアンスを皮肉をこめて表しています。

Bは「不満を抱きつつ」という部分がダメです。「不満」の話題は問題文のあとのほうにありますが、傍線部とは関係のないことですし、「不満」を抱いているというのは、「闊歩」している状態と合いません。**C** チョイマヨ は、「現実から離れた生活をしている」というのが適切じゃない。人間が「実在世界」から離れたとはいえますが、人間が生きている「シンボル環境」は人間にとっての「現実」だといえます。ですから「現実」と「実在世界」はいっしょとはいえないのです。また**A**と比べて、「闊歩」のニュアンスも出ていません。**D** チョイマヨ も問題文に書かれているようですが、「考えることのできないもの」といういいかたがおかしい。たとえば「神」は「知覚」や「認識」はできないですが、「神についてかんがえ」ることは「できる」のです。そして「闊歩」のニュアンスも出てません。

ムズ 解答 **A**

問六 **傍線部の内容説明問題**

人間が「自分自身と語り合っている」というのはどういうことでしょう? その手がかりは、まず傍線部5のあとに、「彼(=人間)」が「言語的形式」など(これらはみんな人間のことばや、ことばによる思考が生み出したものです)の中に自らを包み込んでしまった、と書かれていることです。これは人間がことばの世界の住人であることを述べています。

またそのあとに、「人為的な媒介物を介入」させないと、なにも見たりできないと書かれています。この「人為的な媒介物」とはなんでしょう? L14に「概念を経由してでなければ外界の事物の認識ができない」という、同じようなことが書かれています。この「概念」とは〈ものごとの大まかな考えを「ことば」にしたもの〉だから、「ことば」のことです。「ことば」は人間が作ったもの=「人為的」なものです。「媒介」は〈二つの物を仲立ちすること〉です。「ことば」は「人間」と世界を〈仲立ち〉しているといえます。なので「人為的な媒介物」とは「ことば」のことです。

- ・人為的媒介物
- =・概念
- =・ことば

ここまでのことを踏まえて、もう一度傍線部の内容を考えましょう。傍線部の「自分自身」とはもちろん「人間」のことですが、「語り合」う相手です。人間が対面する相手です。今述べた仕組みだと、「人間」は世界そのものには直接対面できません。「人間」が相手にしているのは、「ことばの世界」です。そしてそれは人間が作った「人為的な媒介物」でした。とすると傍線部は〈人間は人間自身が作り出したことばの世界を相手にしているのだ〉という意味に取れるでしょう。傍線部のあとの「言語的形式」に包まれているという内容とも対応します。

なので**正解はD**。「人間の考えた概念」とは先に書いたように、「ことば」のことです。**A**は「他の人間と」、**B**は「ひとりごと」がそれぞれ問題文にないし、傍線部とも一致しません。**C**は空欄**Z**のあとに書かれていることと近いですが、「実世界よりも人間自身」を恐れたなどとは問題文に書かれてません。傍線部の解釈がむずかしい設問でした。

ムズ 解答 **D**

問七 傍線部の理由説明問題

「皮肉」というのは、①表《おもて》の表現と裏にかくれた気持ちが逆なこと、②期待と結果が違うこと、という意味です。この場合はどちらでしょう？　それは傍線部**6**前後の文脈で決まります。今筆者がなにを「皮肉」だといっているかを考えればいいのです。それは石原慎太郎の小説についてです。彼の小説には「実在と、直接にかかわりあいたい（＝ことばという膜を引きはがしたい）、という欲求」をもった若者が描かれています。ですが、「ことば」を否定したいのに、その欲求は小説＝「ことば」でしか表現できない。すると「ことば」を否定したいという「欲求（＝期待）」が結果的に裏切られる、ということになります。なので傍線部の「皮肉」は、②の意味で使われていると考えるべきです。そしてこうした内容を説明している**Aが正解**。**B**は「リアル（＝現実）」と「フィクション（＝虚構、つくりごとの世界）」という対比で説明していますが、イイカエると〈リアルな小説であっても、小説なんだからフィクションにすぎない〉といっていることになります。ですが、石原慎太郎の「小説」自体が「リアル」であるかどうか、ということは問題文ではコメントされていませんし、先に述べたことと一致しません。**C**はチョイマヨですが、実は問題文の内容と一致しません。石原慎太郎は「肉体」や「自然（＝海）」との「ぶつかりあい」を「表現」しました。そうした行為をするだけなら「ことば」は必要ないでしょう。でもそれらを「表現」するためには、「表現」手段、「ことば」が必要になります。そして筆者は、石原慎太郎はそれらを「表現」するのに、「ことば」を必要とした、と考えているのですから、「表現」するのに、「ことば」は「そもそも不要」だというのは問題文の内容や筆者の考えと食い違います。**D**は因果関係がおかしい。「小説が実在に迫るとき」、「実在に直接触れたいという願いが生ずる」のではなく、最後から二つ目の段落の内容から考えると、そうした「願い（＝欲求）」がまずあり、それが小説に描かれる、という順序だと考えられます。だから〈ものごとの順序＝因果関係〉が逆です。

ムズ 解答 **A**

3

問八　内容合致問題

梅 POINT　内容合致問題では、まずは大まかに選択肢の悪いところを見つける消去法を用いるべし。

また、つぎのことを頭に入れておいてください。

・**一番悪い（ワースト1）選択肢は、問題文の内容や筆者の立場と矛盾するもの、対比が混乱しているもの（「矛盾」とは、車が正面衝突するように、選択肢と問題文がガチンコすることです。これは0点の選択肢）。**

・**二番目に悪い（ワースト2）のは、問題文にナシ、つまり問題文に書かれていないことが書いてあるもの（上りと下りの電車みたいに、選択肢と問題文がすれ違うのです）。**

・**問題文の因果関係と違うもの、問題文にない因果関係がついているものも右の二つほどじゃないけど、かなり悪い（ワースト3クラス）。**でも、「因果関係がおかしいというのは、問題文と×だからワースト1じゃないの？」と思う人もいるかもしれません。でもここでいっているのは、たとえばAという内容、Bという内容は問題文と一致している、だけどその〈つなぎかた〉だけがおかしい、という〈つなぎ〉の部分だけにキズがある、という選択肢のことです。だからワースト1とは区別してください。

＊**「二つ選べ」という問題では、100点二つ（あるいは0点二つ）ではなくて、並べてみて上位二つ（あるいは、下位二つ）、というふうに考えましょう。だからキズがあっても正解になることもあります。**

では選択肢を一つひとつ見ていきましょう。

A チョイマヨ…「生まれつき」が×。「おさない子どものころ」（L17）には「実在」と向き合えます。セコイ選択肢です。

B…「文学の仕事」について、この問題文はなにもいってません。ナシでワースト2。

C チョイマヨ…「実在」とシンボル（＝ことば）との間には、たしかに「対応関係」（L38）があります。ですが、「われわれ」が「すべての実在をことばによって把握することができる」なら、「実在とよそよそしい関係に置かれていることに不安と不満を感じたりもする」（L65）ことも、実在と直接触れあいたいと「欲求」（L66）することもないはずです。だから「われわれはすべての実在をことばによって把握することができる」とはいえません。

D…**C**と逆のような内容です。「対応する実在があるように見えることば」は、「対応関係」（L38）があると書かれていることと一致します。また第2段落に「山には、すでに山という名前をあたえられている以上、もはや、素朴な実在ではない」（L10）と書かれています。すると、ことばが与えられれば、それだけで人間の概念が入り込むため、「対応する実在があるように見えることばでも」、「実在をそのまま写しているということはありえない」ことになります。だから人間は「実在世界」にではなく、ことばの世界＝「シンボル環境」に生きているのです。**D** **が正解**です。

ムズ 解答 **D**

4 評論

『グローバリゼーションとは何か』 中央大学

別冊（問題） p.26

解答

設問	番号	解答	配点
〔問一〕	(5)	要請	2点×5
	(7)	一挙	
	(8)	崩壊（潰）	
	(9)	包摂	
	(10)	衰退	
〔問二〕	(1)	F	2点×4
	(2)	B	
	(4)	C	
	(6)	A	
〔問三〕		E	4点
〔問四〕		C	3点
〔問五〕	ア	A	3点×5
	イ	B	
	ウ	B	
	エ	B	
	オ	A	

ムズ 〔問一〕(9)、〔問四〕、〔問五〕エ

合格点 32点

／40点

問題文LECTURE

語句ごくごっくん

L5 **共同体**…血のつながりや住む土地のつながりで結びついた集団

L8 **モニュメント**…記念碑

L11 **相互扶助**…互いに助け合うこと

L11 **コミュニティ**…一定の地域に住み、共に生きているという感情を抱く人間の集団。共同体

L11 **アイデンティティ**…確かな自分、自己同一性。集団帰属感（＝ある集団・社会に属しているという感覚）

L14 **画定**…くぎりをはっきりと定めること

L16 **明示的**…はっきりと示すさま

L19 **規範**…きまり。手本

L19 **差異化**…違いをはっきりさせること。違いを作り出すこと

L23 **ナショナリズム**…自分たちの民族、国家の発展を推し進めようとする考え方。民族主義。国粋主義

L23 **グローバリゼーション**…国家の枠を超えて、世界規模で物や人間、金銭が動く現象

L28 **一元化**…多くのものを一つのものの元に統一すること
L31 **恣意的**…勝手気ままなさま
L37 **周知**…知れわたっているさま
L38 **冷戦**…1990年以前の、アメリカと旧ソ連の対立

読解のポイント

・人々が地球的な規模で交流するようになる
←
・共同性をもつと見なされる「われわれ」を作り、他を排除する
←
・近代では、共通の言語や文化などが、国家や民族に対する帰属意識を作り出した
←
・「われわれ」=「ネーション（国民）」が作られ、「他者」=〈かれら〉との差異化が図られた
←
・ネーションがあるからグローバリゼーションがある

問題文は、第1段落で一般的な話をしていますが、第2段落冒頭の「しかしながら」という逆接の接続語で、話題を「近代」にしぼります。また第4段落からは「グローバリゼーション」の話が登場します。さらに最後の二つの段落は、「ナショナリズム」と「グローバリゼーション」がコインの裏表のように一体であることを述べた部分です。その証拠に「ネーション（ナショナル）」と「グローバリゼーション」という両方の語句が何度も登場します。このように、登場する語句の移り変わりを見ながら、問題文の論理（=つながり）を追い、意味のブロックを確かめていきましょう。問題文を四つに分けます。

I 世界のありかた（冒頭～L6）

「人々が地球的な規模で交流する（これはあとで出てくる「グローバリゼーション」と同じことですが、ここでは近現代よりも古い時代の話と考えましょう）」ような時代になり、多くの人が〈こっち〉にやってくれば、ある土地に定住していた人々は、自分たち以外のものに対する不安を抱きます。そして土地や血のつながりなどで作られた「共同体」だけではなく、会ったこともない人で

も「共通した祖先・神話」を共有していたかのようにして、「われわれ」という仲間を作ります。この仲間は「想像」にすぎませんが、「われわれ」が作られたとき、その裏で、「われわれ」から排除された「他者」＝〈かれら〉ができあがります。そうした「われわれ」が「村」、「帝国」という形でかつてから存在してきたことも歴史の事実でしょう。

Ⅱ 近代世界のありかた（L7〜L20）

でも、「われわれ」という集団が、〈オレたち仲間だぞ！〉という「帰属意識（＝ある集団に属しているという意識）」を強く共有したのは、「近代」という時代です。「近代」という時代は、「共通の言語」や「歴史や文化」などの「装置（＝仕組み）」が、大きな意味をもつようになった時代です。

ですが、ある集団（＝われわれ）が自分たちの領土や範囲をきちんと設定できたわけではありません。曖昧な領域に境界を設けて、「われわれ」の範囲を暴力的に〈ここからここまで〉と「画定」したのが近代国家です。「暴力的」にやったのですから、「われわれ」というグループは、必ずしも言語や習慣や宗教などの共通性によるものではなく、むしろ、境界が画定されたからこそ、共通の言語や共通の祖先などの神話が創りだされたと考えるべきでしょう。また、共通の敵に対して、仲間意識が強化されたのです。こうして作られた「われわれ」を、近代では「ネーション（国民）」と呼びます。そしてこれが、近代の作り出した、「われわれ」と〈かれら〉との「差異化」です。

Ⅲ 近代国家のしたたかさ（L21〜L38）

近代国家も「国民」も、「想像」の上に成り立っている。「想像」の上に立っているなら、もろいはずですね。でも「ネーション（＝国民）」というイメージはそんなに甘いもんじゃありません。「想像」だからこそ、「日々想像され続け」＝〈どうにでもうまく解釈されて〉＝「柔軟性（フレキシビリティ）」を発揮し、「時代の変化に適合するように変化する」（L25）のです。また、「再帰性（リフレキシビリティ）」（L24）とは、〈ある動作の作用が動作を行ったもの自身に返ってくること〉をいいます。「U」の字のイメージですね。「ネーション」も、外部の人々の「ネーション」に関する「想像」を取り込んで、自分の姿を人々の「想像」に合った形にしていくのです。自分が外の視点に立って自分を見て、その姿を今度は自分のポジションに帰って身につける。それが「ネーション」の「再帰性」ということです。問題文ではそのことを、「時代の要請を取り込んできた」と説明しています。

　だから「国民国家」や「ネーション」は「想像」ではあってもしぶとく、「われわれ」と〈かれら〉を分け続けます。それが「想像の共同体としての国民国家」（L27）です。

　そして筆者は「重要なのは、多様な帰属のあり方がネーションへと一元化されて、『われわれ』と他者へと分割されてきたということ」（L28）だと述べています。ここで筆者がいいたいのは「多様な」はずのものが「一元化」され単純なものになったということです。自分とはなにか、といえば、「ナショナル・アイデンティティ（＝ある国家に属していることで感じる確かな自分らしさ）」こそ自分だ、ということにいつしかなってしまうのです。

　どこを「境界」にするのかは、かなり「恣意的（＝勝手気ままなさま）」なものですが、そこに引かれた境界が暴力的だったため、人々が「ネーションから免《まぬか》れる道は残されていないのです」（L32）。

　もちろん、民族が自立しようとして「新しい境界を作りだす」という動きもあります。でも強制的に国境が引かれ、「われわれ」が作られ、〈かれら〉と区別されるということは近代を通してずっと今まで続いてきたのです。

Ⅳ グローバリゼーションとナショナリズム（L39〜ラスト）

　現代は「グローバリゼーション」の時代だといわれます。それは「交通手段の飛躍的な発展によって文字通り地球的な規模での統合化を推し進める」（L40）ことであり、「境界を越えるという活動」（L45）です。でも「越える」ためには「境界」がなければなりません。それは「われわれ」と〈かれら〉を分ける「境界」です。つまり「グローバリゼーション」は「境界」がある、「境界」を作る、という近代の「差異化」があってこそありうる動きだということです。つまり「国民国家の形成がグローバリゼーションを創りだした」（L47）のです。

また「差異化」は、近代においては人々だけでなく、「国家」を分けることでもあります。「国家」は民族を単位として作られていきます。そして「国家」や民族が「差異化」されるということは、国家のランキングができるということです。そしたらどこの「国家」や民族も一番を目指すでしょう。そのとき国家と自分を一つと見なす「ナショナル・アイデンティティ」は、〈自分の民族、国家が一番だ！〉という「ナショナリズム（＝民族主義・国粋主義）」に結びつきやすいものとなります。

そして、この「ナショナリズム」や「ナショナル」なものが強まれば、それに比例して「グローバル」なものへ進みたい人たちが出てくるでしょう。またグローバルなものが広がれば、逆に「ナショナル」なものを大事にしようとする人たちがふえることは、現代世界を見ても明らかです。つまりグローバルとナショナルとは、お互いに打ち消しあって「ゼロ＝サム」＝〈差し引きゼロになるもの〉になるのではなく、「ナショナルな境界が作られたこと」が大元《おおもと》で、そうした「ナショナル」な行為の中に、すでに「グローバリゼーション」という、境界を越える方向性が含まれていたということです。

テーマ　国民国家（Nation-state）

国民国家は、国家内部の全住民を一つのまとまった構成員（＝国民・民族）として統合することによって成り立つ近代国家の典型の一つです。**国民国家**を成立させ、人々をまとめるために使われた〈ネーション〉は、もともと〈生まれ故郷を同じくする人の集団〉を意味しますが、そこから〈文化、言語、宗教や歴史を共有する人々〉、つまり「民族」という意味が生まれてきました。ですが〈ネーション〉は、ベネディクト・アンダーソンという学者が「想像の共同体」というように、実体があるわけではない、〈想像の産物〉だと考えられます。問題文の筆者も同じ考え方をしていますね。

ひとこと要約

ナショナルとグローバルは親子だ。

200字要約　満点30点

[a]人々が地球的な規模で交流するようになると、「われわれ」という同類の範囲を画定しようとする動きが生じる。[b]とくに近代は、人々に言語や文化などを共有させ[c]集団意識を強化しようとした。そして[d]近代国家は強制的に境界を設定し、[e]人々の多様なありかたは国民国家に組み込ま

れていった。境界を越えていこうとするグローバリゼーションも、国家という境界があるからこそ生じたものであり、両者は相関する存在なのである。(194字)

＊aは、「人々が地球的な規模で交流するようになる」ことと、同類(われわれ)の範囲を画定しようとする動き、との両方がそろっていなければ不可。

＊bは、「言語」、「国家」、「神話」、「文化」、「歴史」のいずれかがあればよい。

＊eは、人々の「多様性」に触れていない場合は3点。

a・d・e・f…6点／b・c…3点

設問LECTURE

〔問一〕漢字問題(書き取り)

(9)「包摂」は〈あることがらや概念が、より一般的なことがらや概念に包み込まれること〉。

解答 (5) 要請 (7) 一挙 (8) 崩壊(潰)

ムズ (9) 包摂 (10) 衰退

〔問二〕空欄補充問題

まず空欄(1)は、直後の「はるか昔に遡って」という部分にかかるので、時間的な意味をもつ**F「歴史的」が正解。**

空欄(2)は、直後の「むしろ」に注目。「むしろ」は前のものを打ち消したり、後ろに続くものと比較したりするときに使う接続語。**「〜ない。むしろ…」という流れが基本。**そして比較や対比の文脈を作ります。ここでも「曖昧」と対比される語が(2)に入れば、対比的な文脈が作れます。「曖昧」というのは、〈はっきりしないこと、不確定であること〉という意味だから、これと反対の意味を表す**B「固定的」**が適切です。ここにA「強制的」を入れようとした人もいるかもしれません。でも「強制的」という暴力的な感じと(2)直後の「厳密に」という冷静さがミスマッチですし、「強制的」という語は、「固定的」に比べ、「曖昧」とうまく対比することができません。そしてなにより、(6)には「強制的」が最適なので、(2)には入らないことになります。E「流動的」は、〈不安定、揺れ動くさま〉という意味なので、「曖昧」に近く、〈対比〉が作れないし、「厳密に」という直後の語とのつながりも不自然になります。

梅 POINT 対比的な文脈での空欄補充では、より対比が明確になるものを入れるべし。

つぎに空欄(4)。これも「明示的」と並列されています。同じ意味の語か、あるいは反対の意味の語か、一般的には前者のほうが多いですが、選択肢を見て判断しましょう。「明示的」というのは、その字の通り、〈明確に示されていること〉。**B**「固定的」が少し近い意味になりそうですが、さっき使いました。するとほかに類似した意味の語はありません。では反対の意味の語はどうでしょう。**C**「潜在的」は〈外側にはっきり現れてこないこと〉をいいますから、これが「明示的」と反対の意味になります。なので**Cが正解**。**E**「流動的」は、「明示的」という語と同じ意味も、反対の関係も作れません。

空欄(6)は直前の「否応なく(=良いといおうが悪いといおうが、とにかく)」という語句とのつながりで、**A「強制的」がよい**でしょう。**D**「急進的」は、〈目的などを急いで実現しようとすること〉です。これは「国家」の側のやりかたを説明する語としてはよさそうな気がしますが、やはり「否応なく」という語の力ずくの感じを表せるのは、「強制的」のほうです。それに(6)は「排除された」にもかかるので、「急進的に排除された」というのと、「強制的に排除された」というのとでは、後者のほうが日本語としても自然です。

梅 POINT 空欄補充問題では、まずなによりも、直前直後の語とのつながりを大事にして、スムーズな文脈を作るべし。

解答
(1) F
(2) B
(4) C
(6) A

〈問三〉 傍線部の理由説明問題

傍線部(3)のように「境界」を「画定」するのは「われわれ」を作り出すことだというのはわかりますね。では「われわれ」の定義を*L* 2で確認してください。「これまで一度も会ったこともなく、何ら共通した接点を持ちえなかった人々」が「われわれ」の最初の姿なのです。そうした見知らぬ他人同士が、ある日突然同じ「ネーション」だといわれるのです。そこには当然「共通した帰属意識」はありません（L7）。このままでは国家として成り立たないので、そこでL8にあるように、「神話」などの「帰属意識を作りだす装置が、大きな意味を持つようになった」のです。つまり、

a　境界の画定
↓
b　一度も会ったことがない人々が「われわれ」となる
↓
c　帰属意識を高めるため、神話などがもちだされる
↓
d　「ネーション」の誕生

ということです。そして大事なのは、こうしたことを求めたのは近代国家自体だったということです。このことは「『われわれ』の範囲を暴力的に画定したのが近代国家です」（L14）という表現からもわかります。

　すると**〈近代国家が一度も会ったこともないような人々を「われわれ」とし、国家への帰属意識を高めようとしたから〉**というのが正解の内容になるはずです。なので正解はこの内容と一致するEです。「統一的なものを持たない人々」がbの「人々」、後半はcの内容です。Eの「持たせる必要があった」という表現は、近代国家にその「必要があった」ことを示しています。設問を解くうえでは、**「神話」という語のつながりで、傍線部とその説明（＝イイカエ）になっている第2段落をつなぐ**ことができるか、がポイントです。

　Aのように、単に相互「理解」のためという説明では、近代国家がわざと仕向けたという内容が説明されていません。Bの「維持運営」の「方向性を、人々が共有していなかった」という内容は問題文にナシ。Cはまったく逆で、近代国家にとって、「言語」などに「アイデンティティを感じる」ことは「重要」です。Dは、「時間がかかったから」という内容が問題文にありませんし、「時間がかかったから」「神話が創りだされた」とつなげてみるとわかるように、まったく論理が通らず、理由になっていません。理由とは、あることがらが生じる原因のことであり、原因と結果とのあいだには、論理的なつながりがなければなりません。そしてそのつながりは誰が見て

も妥当だと判断できるものでなければいけません。

梅POINT 記述解答を書くときや選択肢で迷ったときは、「〜から」→傍線部（の述語）というふうにつなげ、論理的にスムーズになっているかどうかをチェックすべし。

解答 E

〔問四〕 筆者の表現意図を問う問題

筆者の表現意図を問う設問はなかなかむずかしいです。ふつうはそんな意図、説明してくれていないからです。この設問のように、筆者が特別の意味を込めているカギカッコの意味はよく問題になりますが、独断で判断してしまうことがあります。そうならないためにはどうすればいいか？　筆者が使っているのですから、問題文全体で筆者が述べていることに即し、ほかの部分も視野に入れて判断することです。この設問でいえば、「われわれ」について述べられていることがら全体と合致するものを選べば間違いはないでしょう。

そこで筆者が、「われわれ」というものをどう見ているのか、確認していきましょう。まず**〔問三〕**でも確認したように、「われわれ」とは一度も会ったことがないのに、共通の神話などでひとくくりにされた「想像」の範囲の人々でした（*L*4）。

またこれも先に引用した部分ですが、「『われわれ』の範囲を暴力的に画定したのが近代国家です」（*L*14）という説明もあります。

そのほかにも「われわれ」という語が出てくるところを追っていくと、「『われわれ』と他者とを分離し続ける」（*L*27）、「どの範囲までを『われわれ』にするのかは、かなりの程度恣意的あるいは偶然であった」（*L*30）、「『われわれ』と他者の差異を国境によって画定するようになり」（*L*39）、などがあります。

これらをまとめると、筆者が「われわれ」というものを、**〈a　近代国家が強引に作りあげた、根拠のあやしい単位〉**だと思っていることがわかるでしょう。ふつう私たちは自分自身を含んで自然に「われわれ・わたしたち」とかいいます。そのときに〈あやしいもの〉というような意味は入ってないです。すると筆者が「『われわれ』

にカギカッコをつけたのは、**〈ふつうの意味とは違ったもの＝aだということを示そうとしている〉**からだと考えられます。

なので**正解はC**です。**C**の「人為的」という語は「『われわれ』の範囲を暴力的に画定したのが近代国家です」（L14）という記述と対応しています。**A**のように「多数」という「数」の問題ではありませんし、**B**の「以前から多くの人々に共有された」というのはまったく×です。**D** チョイマヨ の「他者との差異を強調」しようとするのは、近代国家のすることです。もし設問が、〈近代国家〉が「われわれ」という概念を作った意図を問う問題であるならば、この要素は一つの解答になりうるでしょう。でも**〔問四〕**は筆者の意図を問うているのです。すべての選択肢は、「筆者は」という主語を補って読まれるべきですね。筆者は近代国家を批判しています。その筆者が近代国家と同じように、「他者との差異を強調する」ことはありえません。この選択肢の「他者との差異を強調するため」という部分を、勝手に「『他者』との差異を強調する〈国家の意図を批判する〉ため」みたいに勘違いして読んでもいけませんよ。**E**「私という個人と区別するため」というのも問題文からは出てこない内容です。

ムズ 解答 **C**

〔問五〕 内容合致問題

一つずつ丁寧に問題文と照らし合わせてください。

まず**ア**。L4に「昔に遡って」いくと「帝国といわれる国家が存在した」とあるので、「近代以前にも国家はあった」。だけど、「われわれ」という概念を作り、他者との違いをきわだたせようとしたのは、**〔問四〕**でも確認したように、「近代になってからの国家」です。よって「近代国家」はかつての国家とは「意味が異なる」といえます。**ア**は**A**です。

イは、「共通の言語を持っていた」という表現が×。傍線部(3)で確認できるように、「共通の言語」は標準語のように、近代国家が「創り」だしたもので、前からあったものではありません。よって**B**。

ウは、「いったんそれ（＝境界）を画定すると変更できなくなる」というのが、「境界は、その後の内戦や戦争などによってしばしば変更されてきました」（L37）と矛盾します。これも**B**。

エの前半は正しいですが、「国民という概念」が「常に流動化の危険にさらされている」とは問題文に書かれてませんし、「ネーション」は「想像であるがゆえに……柔軟に変化し、権力は維持され強化されてきた」（L22）という記述に反するともいえます。「想像」だからこそ、そのときそのときで、どうにでも解釈が可能で、したたかに生き延びてこられたのです。それをマイナスのニュアンスのある「流動化」ということばで説明するのは問題文の内容とズレます。「想像」であることは、近代国家にとって「危険」を生み出すマイナス要因ではなく、プラスに働いていたのです。よってこれも**B**です。

オは「ひとこと要約」に書いたことと同じです。グローバリゼーションは、世界を一つにすることであり、ナショナルなものを衰退させると考える人がいるけど、それは誤解で、境界を越えるということが成り立つのはそこに越えられる境界＝近代国家の作った境界があるからだ、ということを忘れてはいけません。そしてネーションはこうしたグローバリゼーションの動きをも養分として「強化」されていく「柔軟性」をもつ、というのが筆者の考え方だと思います。それこそが第4段落の「フレキシビリティ」ということでしょう。もちろん**オ**は問題文最後の一文とも対応していて、花マル**A**です。

解答 **ア** **A**　**イ** **B**　**ウ** **B**　ムズ **エ** **B**　**オ** **A**

5

評論

「永遠のいのち」

立命館大学

別冊（問題） p.32

解答

問1	問2	問3	問4	問5	問6	問7
② 官僚 ④ 審美	① おうか ③ いきがい	A 3 B 1 C 2	3・7	生存と繁殖〜る強い傾向	2	5
2点×2	2点×2	3点×3	（順不同）完答8点	5点	4点	6点

ムズ 問1④、問2①、問3C、問5、問7

合格点 31点

／40点

問題文LECTURE

語句ごくごっくん

L3 概念…→ p.36 語句「概念」参照

L4 普遍的…どこでもだれにでも通用するさま

L10 ランドマーク…①目印 ②記念碑

L20 相関…互いに影響しあう関係

L23 発現…現れ出ること

L28 淘汰《とうた》…要らない物を除き去ること。不適当な者を排除すること

L31 観念…→ p.16 語句「観念」参照

L35 組成…複数の要素や成分をくみたてること。また、その要素・成分。物質のなりたちかた

L35 ナルシスト…うぬぼれ屋。ナルシズム…うぬぼれ。自己陶酔

L57 自己同一性…いつも変わらない自分。確かな自分。アイデンティティ

L58 還元…①もとに戻す ②本来別のものを同じものとして扱うこと

L62 あたかも…まるで

読解のポイント

・脳は環境を永遠だと判断する

↓

・脳が生み出した文化の中で、ヒトは「永遠の生命」という概念をうちたてた

⇔

・だが、文化と同じく、人間の脳が生み出した科学が、「永遠の生命」という概念の根拠を壊す

⇔

・それでも人間は、脳が生み出した文化的慣習や、感情によって絶望しないでいられる

問題文は、脳の話から、第4段落冒頭の「さて」という転換の接続語で、「文化」の話題に移ります。また第7段落からは「現代生物学」の話が登場します。そして最後の段落では、現代生物学が突きつける絶望の中でも、希望を失わない人間の姿が示されます。最後の二つのブロックはつなげてもよいですが、文章が長いので、四つに分けて見ていきましょう。

I 「永遠の生」という概念の成り立ち①（冒頭〜L15）

筆者がこだわっているのは、「永遠の生」という概念が成り立つかどうか、です。筆者はまず、どうして「永遠の生」という概念ができたのかを探っていきます。

それは、僕たちの脳がそう思わせるのです。脳は、「環境の変動がある一定の範囲にある」（＝環境が大きく変化しない）限り、有効に働いて、「環境の情報を収集し」たりして、人間の活動のために「再利用」します。筆者はそうした「脳が、環境を永遠だと判断する根拠はなんだろうか」（L9）と自ら疑問を発しています。

梅POINT 〈問題提起〉はチェックポイント。こうした疑問に対し、どういう答えを出しているかを読みとるべし。

この〈問題提起〉に対する答えは、すぐL10〜で示されます。一つは、「大きな自然物（＝山など）を見ると き」で、明日もこの山はあるだろうな、と脳は予測しま

す。これは「無変化」という認識。

それから川。川には「水の流れ」があるので、昨日とは違う水が流れています。でも水が流れていく、というありかた自体は変化しない。これは、「定常状態＝動きのある現象において、状態を決める物理量（たとえば水量）が、基本的には変わらない状態」。

あと太陽や月の運行は「繰り返し」。

この三つ、「無変化」・「定常状態」・「繰り返し」の現象を見て、脳は「環境を永遠だ」と判断するのです。これが最初の〈問題提起〉に対する答えです。

Ⅱ「永遠の生」という概念の成り立ち②（*L*16～*L*30）

でもこの文章はつぎからつぎへと〈問題提起〉をしてくれちゃいます。じゃあ「無変化」とかに気づいたら、「ヒト（カタカナ書きで生物の一種としての人間、という意味を示しているのだと思います）は『永遠』という概念にすぐさま到達するのだろうか?」と***L*16**で新たな〈問題提起〉が出されます。またチェックです。でもすぐあとに答えを書いてくれてます。そうじゃないって。ヒトは家族とかペットとか「個別化された存在の消滅（＝一つしかないものの死）」を経験したときに、初めて終わりのあることを身をもって知り、逆に「永遠の命」があってほしいと望むことになるのです。

すると人間が「永遠の生命」を望むきっかけは二つ。
①変化しない自然物があることを脳が判断する
②生命に終わりがあることを身をもって知る
ところでヒトの脳のサイズは大きくて、それに関連することらしいですが、子供時代が長い。この長い子供時代に、「生存と繁殖に役立つさまざまな戦術を身につけていく」のだそうです。その「戦術」は人間の脳が考えた「文化」と呼べるでしょう。そして「文化」とは、「同種個体の存在（＝人間同士）」が影響する、後天的に「学習する行動・態度・習慣・信念のこと」（***L*22**）、と定義されています。それは***L*17**～に書かれていた、この世にたった一つのものを失ったとき、「永遠の生命」を信じたい、という人類に「普遍的」な思いを学習することも含んでいるはずです。だから筆者は***L*27**で、「ヒトは、その文化的な慣習として、『永遠の生命』という概念をうちたてた」と述べています。**Ⅰ**のところでテーマになっていた

「永遠の生命」という考え方が「文化」とつながるものだと筆者はいっているのです。

だから人間は、親や子供の生が永遠に続くことを望み、自分自身の生の永遠も望みます。それは子孫を残したい思いから、「個体の繁殖」につながります。「自然淘汰」は「生存と繁殖に役立つ行動や心理」を残していき、「文化」も同じように、繁殖に役立つ『永遠の生命』という概念」を多くの民族にもたらし保ち続けます。

Ⅲ「現代生物学」がつきつけるもの（*L* 31〜*L* 60）

ですが、現代生物学は、こういう〈自分に似たものが永遠にこの世に残ってほしい〉＝「自己の連続性」という観念を完全にうち砕きます。遺伝子をもち出して、「五世代下の子孫は、もう自分と似ていない」ことを示す。

また「クローン人間」も自分とまったく同じにすることは不可能なんだそうです。

そして、ダメ押しは現代生物学の「共生説」。これは、ヒトが、バクテリアなどの単細胞生物の集合であるという仮説です。「個性」も「生甲斐《いきがい》」もありません。なんせ「バクテリア」の寄せ集めなんだから。

決定的なのはその仮説が、〈自分〉というものの確かさ＝「自己同一性」そのものを否定することです。だってバクテリアの寄せ集めですから、そのどこに自分らしさがあるの？　ってことになります。人間が「永遠の生命」を望んだのは、「自分」あるいは「自分」に関係するものが永遠にこの世に残ってほしい、と思ったからです。でもその自分そのものがなんだかわからなくなってしまう。つまり「永遠の生命の拠り所」が失われる。

人間がバクテリアなんてありえない！　って思いたいですが、筆者は、「還元すれば」（＝最初の状態に戻せば）、「そういった実態」（＝単細胞生物の合体）に行き着くだろう、といいます。また*L* 58〜*L* 60は〈バクテリアと人間は違うものに見えるが、あるものがたくさん集まればもとのものと違うものになることはあるから、ヒトだってもともとはバクテリアかもしれない〉という意味です。

Ⅳ 希望を失わない人間（L61～ラスト）

こうして、現在の科学（現代生物学）は、自分という存在もそして生命というものも、まったく無意味だと宣言します。でも私たちはまるで未来に希望があるかのように日々を生きています。ここでまた**〈問題提起〉**です。「なぜ、絶望しないのだろうか？」その答えはやはり脳にありました。私たちの脳は、「個体がその生存と繁殖に役立つ行動をとるとき、幸福と満足を与えるように進化」してくれたのです。生きてるなぁ、とか、おいしいなぁ、とか感じると、脳が私たちに幸福感を感じさせてくれる（もちろんそれは脳が作り出した「文化」にも関わることです）。そうした「幸福」感は「数千万年」かけて作られたから、まだ「数万年」前から考えるようになったばかりの悲しい「死」のほうより「幸福」感のほうが勝つ。だからこそ現代科学が〈永遠の生命なんてないよ〉と「絶望」と「不幸」をつきつけても、石器時代以来、脳や文化が与えてくれた「永遠の生命」を夢見る、おバカな人間の楽天性が、人間を救ってくれるのです。「脳」さまさま、って感じですね。

テーマ 死

「**死**について考えるようになったのは、せいぜい数万年のこと」だと問題文に書かれていましたが、個体（＝人間でいえば一人の人間）の死は、地球に生命が生まれて（約35億年前）から25億年が経過した頃に現れたといわれています。それまでの生物（原核生物）は遺伝子のセットを一組もつだけで、単純な細胞分裂でふえるものでした。でもその中から〈接合〉によって父親と母親から一組ずつ遺伝子のセットを受け継ぎ、二組のセットをもつ生き物が生まれます。それは、地球上に初めて「オス」「メス」という「性」が現れたことを意味します。そして約10億年前、細胞が集合体をつくり一つの個体となる多細胞生物が生まれました。そのときどの遺伝子を残すことが有利かという選別＝「**死**」が生まれたということです。

ひとこと要約

脳と文化が人間を絶望から救っている。

200字要約 満点30点

[a]科学は人間に快適さとともに不幸をもたらす。たとえば[b]人間の脳は環境が不変であるかのように予測させる。この脳に沿って生まれた[c]文化は永遠の生命という概念を

うちたてた。だが、[d]現代生物学は、人間が単細胞生物の集合であると唱え、[e]永遠の生命の根拠となる人間の自己同一性自体を打ち砕く。にもかかわらず[f]人間が未来への希望をもちうるのは、脳を基盤とした文化的な慣習の中で培われた楽観的なものの見方や感情のためである。（198字）

＊**a**は、「快適さ」と「不幸」のどちらかしかないものは3点。

＊**b**は、人間の脳が「無変化」という状態を認識する、という内容があればよい。

＊**d**は、単に「現代生物学は、共生説を唱える」は2点。

＊**e**は「永遠の生命の根拠となる」がないものは2点。

＊**f**は、人間が希望をもてる（楽観的でいられる）のは「文化」or「脳」のおかげだ、という内容があればよい。

a・b・c・e…5点／d…4点／f…6点

設問LECTURE

問1 漢字問題（書き取り）

④「審美」は漢文風に読むと、〈美を審《つまび》らかにす〉となり、〈美醜を判断・判別すること〉。そうした判断力を〈審美眼〉といいます。

解答 ②**官僚**　ムズ ④**審美**

問2 漢字問題（読み）

①「謳歌」は〈ほめたたえること、楽しい気持ちを隠さず行動すること〉。

解答 ムズ ①**おうか**　③**いきがい**

問3 空欄補充問題

まず**A**は直前の文とのつながりを考えましょう。直前の文は〈「永遠の生」という概念を、すべての民族がもっているのか、わからない〉という内容であり、**A**を含む文と「しかし」という逆接の接続語でつながっています。「永遠の生」と「死後も魂が残る」こととはほぼ同じことだと考えられます。とすると、**A**には、〈すべての民族がもっているのか、わからない〉という内容と逆に、**〈かなり多くの民族が「永遠の生」という概念をもっている〉**という内容が入り、**A**の前後を合わせて、〈すべての民族が永遠の生とかいう概念をもっているかわからないけど、きっと似たような考えをかなり多くの人たちがもっていると思うよ〉という文脈を作ればいい、と推測できます。

さらにダメ押しで、「『永遠の生』という概念」という表現をほかにも見ていくと、*L*29に「永遠の生命という概念は、多くの民族によって保持されることとなった」と書かれています。ここを根拠に同内容になるものを入れれば、文章の中に矛盾もなくなります。

梅POINT　一つの語句補充でも、文章のほかの箇所と矛盾を作らず、きちんとフィットさせることを意識すべし。

あとは語彙力。「すべての民族がもっている」という意味をもつ語を知っているかどうかです。正解は〈どこでも誰にでも通用すること〉という意味の3「普遍的」。空欄の後ろの文に引きずられ、ヒトが勝手に永遠だと思っているのだと解釈して、5「主観的」を入れた人がいるかもしれませんが、それだと空欄の前の文との逆接関係が成り立ちません。

Bの主語の「文化」は、直前の「生存と繁殖に役立つさまざまな戦術」のことだと考えられます。*L*28に「自然淘汰は生存と繁殖に役立つ行動や心理を選択する強い傾向があり、文化もその例外ではない（＝同じだ）」とあるので、「文化」も「生存と繁殖」に役立つことを受け継いでいくと考えられるからです。すると、Bを含む文と前の文とはほとんど同内容だと考えられ、Bの部分は前の文の「長い子ども時代に……身につけていく」という箇所と対応していると考えられます。すると1の「後天的」を入れると前の文と対応するようになります。

Bに「普遍的」を入れることも考えられますが、「文化」は地域や民族によって異なることが多いですから、「普遍的に学習する」というのは違和感があります。「後天的」ほどうまく前の文脈とつながらないし、Aには「普遍的」以外考えられないので、やはりBは「後天的」でキマリです。

Cは「遺伝子」によって現れる「本能」を説明する部分です。「『本能』は数万世代の間変わらない環境に適した」もので、「個体が環境との直接の交渉によって身につける『個別学習』」と対比されています。ここでも「個別」との対比から「普遍的」が候補として浮かびますが、先にも書いたように、Aには「普遍的」以外入りません。そこでCには2「自動的」を入れます。つまり「本能」は個人の意思に関係なく、「遺伝子」によってひとりでに現れるのだという意味になれば、「個体」がそれぞれの意思で身につける「個別学習」と反対の意味を示せるからです。「自動的」ならば、機械のようなイメージですから、**C**のあとに書かれている「本能」の性質と同じく、ずっと「変わらない環境に適した反応」というイメージも示すことができます。この設問では「普遍的」をどう扱うかがポイントでしたが、空欄補充問題で「ただし同じものを繰り返し用いてはいけない」という条件がついているときは、〈迷うけれどほかの箇所との関係で決めてね〉ということです。柔軟さが求められます。

解答 A **3** B **1** ムズ C **2**

問4 傍線部に関する内容説明問題

傍線部㋐のあとで、筆者は「永遠の生」という概念が生まれる根っこに「脳」の働きがあると考察しています。また***L*9**に、脳が「予測」によって「環境を永遠だと判断する根拠はなんだろうか」という問題提起があり、つぎの段落で「一つ」目の「根拠」=きっかけが語られます。それは「自然物」の「無変化」、「定常状態」、「繰り返し」に気づくことです。これは**7**の選択肢と対応します。

でもこれだけでヒトは「永遠」の概念に到達するわけではなく、第二の「根拠」が必要でした。それは、ヒトは身近な人間や動物の死を経験したときに生命の有限さに直面し、「逆に永遠の命を望む」ということでしたね。これが**3**の選択肢と対応しています。

この二つがあれば「永遠」の概念は成り立つので、この二つの内容と関係ない、ほかの選択肢はみんな×です。また設問に「すべて選べ」とあるときは、解答は複数だ、と考えましょう。

解答 **3**・**7**

問5 抜き出し問題

傍線部㋑にあるように、「脳」は「進化の産物」です。生物の大きな進化の流れの中の一部として、人間の「脳」の「進化」もあるということです。その進化の中で、***L*20**〜にあるように、ヒトがもつようになった大きな「脳」は、「文化」を人間に身につけさせていきました。筆者の論旨を大まかにいえば、「進化」と「脳」と「文化」は一体となっているといえるでしょう。すると***L*28**に「自然淘汰は生存と繁殖に役立つ行動や心理を選択する強い傾向があり、文化もその例外ではない」とあり、「文化」と並列されている「自然淘汰」も、「進化」などと同類だと考えられます。もともと「自然淘汰」という語は進化論の用語です。すると**「進化」≒「脳」≒「文化」≒「自然淘汰」**ということになります。なので「自然淘汰」のもつ「**生存と繁殖に役立つ行動や心理を選択する強い傾向**」(23字)は、「進化」の性格でもあると考えられます。よってこれが正解です。「自然淘汰」が「進化」に関連するものだとわかると、**「自然淘汰」≒「進化」≒「脳」≒「文化」**というつながりが明確になります。

同様の表現として「生存と繁殖に役立つさまざまな戦術」(L21)、「生存と繁殖に役立つ行動」(L63)がありますが、十六字と十一字で、ともに字数条件に一致しません。「二十五字以内」という条件は二十字を超える解答が想定されています。また、「性格」を問う設問に対し、「戦術」「行動」という末尾部分は設問に対応してません。ただし「自然淘汰」という語が進化論とつながるという知識を前提とした設問だともいえるのでむずかしかったかもしれません。

ムズ **解答** **生存と繁殖〜る強い傾向**(23字)

問6 空欄補充問題

Dには「現代生物学」によって「うち砕」かれた「観念」が入ります。この「観念」をうち砕くことで、生物学を含む現代科学は人々に「絶望」(最終段落)をもたらすのですから、この観念自体は人々の「希望」であり、「希望」は「未来」(L62)につながるものです。

でも**D**のあとを見ると、自分の「遺伝子」は孫の世代では「二五%」になり、「五世代で三%」になると書かれています。つまり人間のもつ固有の性質は五世代も経《た》てばほとんどゼロになるということです。「遺伝子」に関する研究は「現代生物学」の成果でしょう。その「遺伝子」に関する説が、〈自分という存在の、未来へのつながり〉を否定したのです。この〈つながり〉をイイカエれば、**2**「自己の連続性」ということになるでしょう。なので**正解は2**です。L57に、現代生物学の「共生説」によって、「永遠の生命の拠り所である『自己同一性(=変わらない自分)』そのものが失われる」と書かれていることも大きなヒントです。そことつないで答えた人もナイスです。

1の「完結性」とは〈それだけでまとまっている性質〉

です。人々が望んでいるのは自分が自分だけで終わらないこと、つまり完結しないことです。なので**1**は逆です。**4**の「流動性」は続いていくというより、不安定に動く、変わるという意味です。だからこれも人々の望む「観念」ではありません。**3** チョイマヨ「自己の可能性」にも長く続くという意味がありません。大まかにいえば「連続性」も「可能性」ですが、きちんと後ろの文脈にフィットするものを選びましょう。**5**「統合性」はまとまりという意味です。これも空欄のあとの、継続のイメージがありません。自分だけでまとまってしまうと考えると、むしろ逆です。

解答 **2**

問7 傍線部の内容説明問題

「どういうことか」という内容説明問題は、**傍線部全体でだいたいこんな意味だろう、というあいまいなかたちで考えるのではなく、傍線部を語句やブロックに分けて考えていくのが基本**です。

ではまず、傍線部ウの「現代の絶望」を考えましょう。この「絶望」は**問6**でも触れたように、**「現在の科学」が「生命」の「無意味」さを教える**（L61）**ことや傍線部直前の「死」に対する意識のことです（a）**。

つぎに「石器時代の楽観主義」とは何でしょう？「楽観」だから〈なんでもプラス思考〉という内容を、問題文に探しましょう。それは傍線部の前に書かれています。

われわれは「永遠」という概念を、「脳」が身につけさせた「文化」によって育んできました。傍線部前の「数千万年にわたる進化」というのが、「石器時代」以来のヒトの「進化」を示していると考えられます。この「進化」の中には、「子どもを可愛い」と感じるような脳の仕組み（＝文化）も含まれているはずです。そしてこのような感覚が「生存と繁殖に役立つ行動」を生み出し、人々に「幸福と満足を与える」ようになっているのです。カワイイとか思ったら、「幸福」とかになれちゃうのですから、**「文化」がもたらした「幸福」感情こそが未来への「希望」＝「楽観」の内容です（b）**。

なので正解は**a・b**二つの要素を含む**5**です。「生命の永遠性は生物学によって否定された」というのが「現代の絶望」の内容（**a**）で、「文化的な慣習がもたらした未来への希望」が**b**と一致します。傍線部の前では「脳」が「幸福と満足を与える」と書かれていますが、先にも

5

述べたようにこの文章では、「脳」と「進化」と「文化」は一体と考えられているといえるので、「脳」がもたらす「幸福と満足」を、「文化」がもたらした「希望」とイイカエてもいいでしょう。「文化的な慣習」という表現は*L*27にある表現です。

つまり傍線部は、「科学」は私たちに「絶望」を与えるが、石器時代以来の、「永遠」を夢見させる「文化（＝脳が生み出したもの）」が私たちに希望をもたらし、私たちは「絶望」から「救われている」ということです。でもその「文化」もまた「科学」同様、人間の進化した「脳」が作りあげたものだというところに、希望と絶望を同時に作り出す人間の大きな矛盾があることも理解してください。

1は「愛情表現の形成が、人間性を回復させるための要因となり」が問題文に書かれていないことです。**2**は人間に希望を与える「脳の進化」と、人間に「絶望」を与えた「現代生物学の成果」が、まるで同類のものであるかのように「統合し」「絶望を救っている」と説明しているのがおかしいところです。このことは、やはり「現代生物学」と「文化」を結びつけ、「現代生物学」が「生命の永遠性を実証」し、「絶望を救っている」という**4**にもいえる間違いです。**3**は「現代の科学者にも人間の自己同一性を研究する視点が存在する」という部分が問題文にナシ。

突然「石器時代の楽観主義」とか出てくるし、「文化」と「脳」の関係とかがわかりづらい文章なので、この設問はむずかしかったかもしれません。ムズ

解答 5

6 評論

『日本のデザイン―美意識がつくる未来』

青山学院大学

別冊(問題) p.40

解答

問一	問二	問三	問四	問五	問六	問七	問八	問九	問十	問十一	問十二	問十三
⑤	A ③	Ⅰ ⑤	a 位相	カ	③	②	③	c ③	⑤	⑤	⑤	③
	B ⑤	Ⅱ ③	b 差配					d ⑤				
	C ②											
3点	1点×3	2点×2	1点×2	3点	4点	3点	4点	1点×2	3点	2点	3点	4点

ムズ 問二B、問六、問八、問十

大ムズ 問五、問九

合格点 27点

／40点

問題文LECTURE

語句ごくごっくん

L2 同朋衆《どうほうしゅう》…足利《あしかが》将軍に仕えた者。「同朋」は一般には仲間・友だちのこと

L4 目利き…物の善し悪しや人の才能などを見分けること。またそうした力の持ち主

L6 ニュアンス…ものごとや意味の微妙な違い。機微

L11 同道…一緒に行くこと

L11 兵糧《ひょうろう》…戦争の際の食糧

L20 拮抗《きっこう》…力の同等なものが対立すること

L21 ポピュリズム…大衆や人民の立場に立つ主義主張。一

部では「大衆迎合（＝大衆にこびること）」とも訳す

L22 **端緒**…ものごとの始まり。いとぐち。手がかり

L23 **倦《う》まずたゆまず**…あきたり、なまけたりしないさま

L24 **趨勢《すうせい》**…ものごとが進み向かうようす。動向。なりゆき

L27 **クライアント**…依頼人。客

L28 **横溢《おういつ》**…みなぎりあふれること

L29 **放蕩《ほうとう》**…思うままにふるまうこと。不道徳な生活をしておこないが悪いこと

L30 **君臨**…①君主としてその国を統治すること　②強いものがほかをおさえて絶対的な力を振るうこと

L32 **シンパシー**…共感

L36 **具体**…→ **p.16　語句「具体」参照**　具体化…はっきりした形をもつものにすること

L41 **しつらい**…設定し、それを整えること

L41 **顕現**…はっきりとあらわれること

L45 **オブジェクト**…物体。対象

L47 **遁世《とんせい》**…俗世間との関係を絶つこと

L51 **アクティビティ**…活動。行動

L59 **出自**…出どころ。生まれ

L60 **築山《つきやま》**…庭などに、土や砂、石などを用いて築いた山のようなもの

L64 **逸話**…エピソード

L69 **強者《つわもの》**…ある分野や領域で力や手腕を振るう人

読解のポイント

・日本のデザイナーの始まりは室町時代の阿弥衆《あみしゅう》だ

←

・彼らは時の権力者と関係しつつ、総合的な美をしつらえたが、世俗を嫌う者でもあった

←

・そうしたデザイナーの世の中でのポジションは、今のデザイナーにも受け継がれている

問題文は、冒頭の「美を生み出すのみならずそれを運用していく職能として」の「デザイナー」が「阿弥衆」であったということを、具体例を交えながら、繰り返し述べている文章です。

ただし「阿弥衆」の説明はいったん第4段落（L18）で終

6

わり、第5段落からは「文化」一般の話が始まるので、第4段落までを一つの意味のブロックとしましょう。そして再び「阿弥衆」についてかなり具体的に触れていくのが第7段落（L44）からなので、そこを一つの区切りとし、問題文を三つに分けて見ていきましょう。

Ⅰ　デザイナーの元祖「阿弥衆」とは？（冒頭～L18）

今日の「デザイナー」の元祖として、筆者が挙げている「室町時代前後の阿弥衆（同朋衆）」は「衆」ですから、一人ではありません。「阿弥」というのは「優れた技能や目利き」に与えられる「名称」でした。だから「阿弥」が名前に入っている人は、「才能ある人」ということになります。筆者は、「阿弥衆」をもとに、日本のデザインの歴史をたどりたいと思っています。

Ⅱ　時代の中のデザイナー（L20～L42）

「文化」というものは、その時代に力をもつ存在と結びついたり、あるいはそれに対立（＝拮抗）したりしながら展開されていきます。たとえばある絵描きは財「力」のある金持ちにその才能を認められ、援助を受ける。また世の中の道徳という、人の生きかたを規制する「力」に刃向《はむ》かって新しい文化が生まれます。

そして「力」は、「力」であるためにどこかでダーティーなものを抱え込んでいます。財「力」のある人は、お金をたくさんもつために、なにか悪いことと関わったかもしれない。そもそもお金をたくさんもつということが俗っぽい、美しくない、という考え方もありえます。そうした「力であるゆえの穢《けが》れや毒」（L21）を拭いたいという思いが、「美」を求めます。そして一方に、そうした美を作り出す人がいる。その美に触れるということは、「時代の趨勢を作るパワー」＝「力」＝「経済」とか「政治」と違うところに、「人間の感覚のときめきを生み出すもうひとつの中心」＝「美」があることを意識することです。そして「美と感覚を交感させて日々を過ごす」ことと、「美」を「供」すること（＝差し出すこと）との間には「微妙な葛藤（＝いざこざ）」が生じます。そして「美」を作り出す人々は、クライアントの思惑《おもわく》（たとえば、オレのいうとおりのものを作ればいいのだ、という思い）を超えて、より過剰に「美」へのめり込んでいく。それがそもその「文化」なのかもしれませんが、こうした「文化」の創造者（「阿弥衆」を含む）に筆者は「シンパシー」を感じます。それは筆者もまた、資本主義の社会に生きて、「幕府」が阿弥衆に求めたように、「企業」が求める「美」を差し出すという、同じ立場にいるからです。

　また、平安から鎌倉にかけては、優れた「職人あるいはアーティストが美術シーン」を引っ張って（＝「牽引《けんいん》」して）いきます。でも「阿弥衆」はちょっと違います。彼らは美を作るだけでなく、それらをどう扱うか、使うか、結びつけるか、セットするかという「しつらい」をすることで美をレベルアップさせます。今ふうにいえば〈演出〉するということであり、それが「デザイナー」の仕事だと筆者は考えているのです。

Ⅲ「阿弥衆」と現代のデザイナー（L44～ラスト）

　室町時代にはいろいろな「芸」がありましたが、それらを「組み合わせ、制御し、活用する才能」（L45）をもつ人たちが「阿弥衆」でした。それは「もの」を作るだけではなく、「こと」＝〈状態・状況〉を作り出す才能です。彼らは「時の力」と結びついてはいましたから、「美」によって「報酬」をもらいます。こういうことは、今なら当たり前のように思えますが、筆者はそれは「まっとうな生業《なりわい》（＝仕事）から逸脱」していると考えています。だからそういう人たちは「遁世者」だというのです。それは、社会からのはみ出しもの、よくいえば自立した存在だということでもあります。「阿弥衆」はそういう人間でした。「将軍の庇護《ひご》」を受けながらも、たいした「病気」じゃないのに、将軍の命令に最初は従わなかった「立阿弥」のエピソードは、「力」と距離を取る「遁世者」のイメージをたしかに漂わせています。

　もちろん将軍義政《よしまさ》のような「有力な文化リーダー」がいなければ、「阿弥衆」も活躍できないのですから、日本の文化の歴史、デザイナーの歴史に、「力」が欠かせないことは事実です。そしてそれは「今日のクライアントとデザイナーの関係」にも通じるものです。筆者がこのように「阿弥衆」と現在のデザイナーを結びつけようとするのは、「日本のデザイン史」を考えるとき、室町時代の社会の中で、「美という価値の運用」がどのようなものであり、どのように運用されたかを「今日の状況に対照（＝

照らし合わせること）」（*L*55）すると面白いと考えるからです。

そして室町時代と今日のつながりの一つとして、筆者は「今日のデザイナーがネクタイをしない」ことを挙げています。「ネクタイ」が制服の一部になっている学校に通っている人もいるでしょうが、今の世の中でも「ネクタイ」は〈公式の服〉・〈まっとうな仕事をしている人〉というイメージを表します。「阿弥衆」は「まっとうな生業」から外れた「遁世者」でした。「阿弥衆」が今生きていたら、「ネクタイ」は似合いません。だから「阿弥衆」の子孫である「今日のデザイナー」も「ネクタイ」をしない。ここにも*L*55にあったような、「阿弥衆」と「今日の状況」を「対照」させたいという筆者の意図が表れています。

テーマ　芸術論

芸術論には作品名や作家名、グループ名など初めて眼にするような固有名詞が並びます。それによっぽどマニアじゃないと、問題文の内容を具体的・日常的な状況と結びつけて〈わかる〉ということができません。だから受験生が最も嫌がるジャンルの一つです。でも作品名など知らなくても、それがどのようなことの事例として登場しているのか、どのようなことを意味しているのか、は問題文の文脈や構造をたどることで理解することができます。具体的なものと結びつけられない＝〈わからない〉と考えたら、自分の経験した以外のことや他人の考えもすべてがわからなくなります。だからなにか具体的なものとつながることだけが〈わかる〉ことだと思わずに、抽象的な内容をそのまま受けとめることも〈わかる〉ことなのだと思う必要があるのです。**芸術論**もそうやって受けとめましょう。そして**芸術論**を嫌がらず、どんどん読んでいってください。

ひとこと要約

「阿弥衆」はデザイナーの元祖である。

200字要約

満点30点

日本において、[a]美を生み出すのみならず[b]それを運用していく才能を発揮する[c]デザイナーの始原は室町時代の阿弥衆である。「阿弥」はもともと時宗の僧侶の法名であったが、[d]技芸の才能のある個人や一族に用いられるようになった。[e]この阿弥衆は室町時代の権力者とつながり、あるいは拮抗し、[f]美をしつらえ、その報酬で生きる遁世者であり、[g]一個の才能として存在を許されたのである。

そして彼らのありかたは現代にも受け継がれている。（198字）

＊aは「オブジェクトを生み出すだけではない」なども可。
＊bは「『しつらい』を介して美を顕現させる」なども可。
＊eは「権力者（時を制する力・クライアント）」とのつながりが説明されていればよい。
＊fは「報酬で生きる」「遁世者」各2点。
＊gは「個」のニュアンスがないと不可。
＊hは単に「今日のデザイナーもネクタイをしない」は不可。
※**問題文の表現をそのまま使えないときは自分のことばでまとめよう。**
a・d…3点／b・c・e・f・g・h…4点

■■■■■ 設問LECTURE ■■■■■

問一 傍線部の内容説明問題

傍線部（**1**）の直前にあるように、「拡張子」は「優れた技能や目利きの名称」にくっつくものです。だから個人のことを指してはいません。そして傍線部のあとには、「『阿弥』と付されていたなら」、「その筋のソフトウエアを共有するアーティスト」だと考えればよいと書かれています。すると「拡張子」は〈あるものを共有する仲間かどうかを示すもの〉ということになります。この内容に一番近いのは、**⑤「識別記号」**です。「阿弥」という「記号」がついていれば同じグループと見なされるということです。**L13**に「『阿弥』という記号」とあることも大きな決め手です。②チョイマヨ「名誉称号」というのは、今までしてきたことを褒めたたえて与えられる「称号」ですが、「阿弥」は、別に「優れた技能」を褒めたたえるためにつけられているわけではないので、⑤と比べれば、正解にする根拠がありません。

解答 ⑤

問二 空欄補充問題（接続語）

Aについて。時宗の僧侶は戦に同行していた、〈だが〉、「ただ戦に同道するだけで」は「不自然」だ、という文脈。なので逆接の**③「しかし」が正解**。「しかし」は「ただ」ということばといっしょによく使うので、そのつながりもいいですね。**B**は〈単に世話になるのも不自然「だから」、芸術活動もするようになった〉という文脈。「だから」という因果関係に当たるものがいいのですが、選択肢にはありません。ただし⑤「おのずと」は〈自然にこうなる〉という意味なので、ものごとの自然な、当然の変化を表せます。なので**⑤が妥当**です。Cは前の段落の内容をまとめて、「僧門」と「阿弥衆」との関係をもう一度繰り返しています。なので**②「つまり」が適切**です。①「あながち」は〈しいて。打ち消しをあとに伴って、必ずしも・まんざら〉という意味です。④「さながら」は〈そのまま。ちょうど〉という意味。どちらもA〜Cに当てはまりません。

解答 A ③　ムズ B ⑤　C ②

問三　空欄補充問題

空欄Ⅰは、「技芸の才のある個人や一族がこの名称（＝「阿弥」）を用いたことで」、「時宗の徒ではない者までもが阿弥を名のるようになった」という文脈にあります。つまり「阿弥」がほかの者にまで〈広がっていった〉という意味を表せる語が適切で、それは**⑤「転用」（＝ほかの用途にも用いること）」**です。④チョイマヨは〈自己の主張のたすけとして、ほかの文献・事実・慣例などを引用すること〉で、名称が〈広がる〉こととはズレます。

Ⅱは「同朋衆」が「有力な武家に［Ⅱ］され」たという部分。「［Ⅱ］され」て「芸術諸般」などを「担う」のですから、〈これをしてくれ〉と仕事を依頼されたということです。なので〈人を重く用いること〉という**③「重用」が適切**です。

解答 Ⅰ ⑤　Ⅱ ③

問四　漢字問題

a「位相」はもともとは物理や数学の言葉ですが、〈位置、次元〉という意味でも使います。b「差配」は〈とりさばくこと。何人かの人に手分けして仕事をさせること。手配〉。

解答 a **位相**　b **差配**

問五　空欄補充問題

「［Ⅲ］を洗練されたイメージへと変容させて用いたいという希求」は誰のものでしょうか？　空欄の直前に「足利幕府であれ、資本主義のもとで君臨する企業であれ」とあることから、「幕府」や「企業」だと考えられます。では「幕府」はなにを「阿弥衆」に求めるのでしょうか？　空欄補充問題では空欄の前後にある言葉と同内容の部分に着目することが大切でした。そこで「希求」と同様の「欲する」（L22）という表現に着目してください。そこは「幕府」のような「力」をもつものの欲求について書いてあるところです。「力」は「感覚的な洗練としての美を欲する」のです。これは空欄部分の内容・表現と対応しています。すると〈穢れた力は感覚的な洗練としての美とつながり、イメージを変えたい〉ということになりますから、空欄には「**力**」を入れればよいでしょう。「洗練としての美」(L22)とあるので「洗練されたイメージ」自体が「美」です。だから「美」を空欄に入れると、〈美を美に変えたい〉というヘンなことになるので、「美」チョイマヨは×です。

大ムズ 解答 **力**

問六　傍線部の内容説明問題（指示語問題）

傍線部（2）の「そういう」は「流れ」ですから、傍線部の前に「流れ」に合う内容を探しましょう。またその「流れ」は「職人あるいはアーティストが美術シーンを牽引」できるような「流れ」です。こうした「職人」たちは、「平安時代から鎌倉時代にかけて」「高度な修練」を積んだ人たちです。こういう人たちが現れるためには、**貴族でなくても「地位や生まれではなく個人の生来の能力や特別な修練」が「美を具体化」するという「認識」が「一般化」しなくてはなりませんでした。**これらは時代や考え方の移り変わりを説明していて、「流れ」ということばと対応します。なので**③が正解**。

①は「後者が重視されるようになってくる」という部分が問題文にナシ。②は「阿弥衆」が「表舞台に登場してくる」という部分が、問題文には直接書かれていないし、指示語が受けている内容を説明していないので×。④チョイマヨは「職人」たちが「多くの人たち」なのか、問題文からは断定できません。それに、指示語の問題として、やはり傍線部の前に書かれている内容ではないので、正解にはなりません。⑤は「美の世界が崩壊し」という説明が問題文と食い違います。

ムズ 解答 ③

問七　傍線部の内容説明問題

傍線部（3）のあとに「つまり」とあるので、「ひと味異なる才能」とは「絵画や彫刻を生産するのみならず、その運用の仕方や配し方、すなわち『しつらい』を介して美を顕現させる才能」(L41)です。この「才能」は、「美的なオブジェクトを生み出すだけではなく、組み合わせ、制御し、活用する才能」(L45)とイイカエられています。なので**正解は②**。「運用の仕方や配し方、すなわち『しつ

6

らい』」、「組み合わせ、制御し、活用」することをまとめて「演出」（＝効果を上げるように、工夫し統括すること）といっているのです。またこの「才能」は「阿弥衆」の「才能」であり、彼らは「デザイナー」の「始原」でしたから、彼らのしたことを「デザイン」といって問題ないでしょう。①「集団を統率する」、③「しつらいを重視した室町」は問題文にナシ。④・⑤は問題文に書かれていることですが、傍線部のあとの内容と一致していません。⑤「咀嚼《そしゃく》」は〈かみ砕いて味わうこと〉。かみ砕いてよく考えること〉という意味です。

解答 ②

問八　傍線部の内容説明問題

「『固有名詞』として社会に立つ」というのは、傍線部の前後の内容から、**〈a　美によって報酬を得るという社会から「逸脱」する行為をすること〉**、**〈b　簡単に他人に譲り渡したりできない個人の才能を認められ、指名されること〉**だといえます。とくにbの「個人の才能」という内容が傍線部**（4）**の「固有名詞」の説明になります。こうした内容に一致するのは③です。前半がaと、b「才能で生きる」、「個性的でまちまち」という部分が、bと一致してます。

①は「社会的な存在証明となっている（＝社会の中の存在として認められる）」がaと逆。②は「個性を強めたため」という部分の内容も因果関係も問題文にナシ。aの内容もありません。④はa・bの内容がないし、「クライアント」が「個性に値を付け」という部分も問題文にナシ。⑤チョイマヨは、bの「個人」としての「才能」という内容が示されていないので、傍線部の「固有名詞」の説明が不十分です。

ムズ　解答 ③

問九　漢字問題

c　「マチマチ」は、ここでは〈それぞれ違うこと〉という意味なので「区々」と書くのがいいのですが、①とか選びそうで、むずかしいです。**d**も「強《した》か」と漢字で書くことがほとんどないから大ムズ。

大ムズ　解答 c ③　d ⑤

問十　傍線部の内容説明問題

傍線部**（5）**の直前に「美の運用で獲得される」とあります。これをもう少し詳しく説明すれば、〈「阿弥衆」

などが〉美を作り出したり、美を活用したりして、〈権力者などが〉美に触れる〉ことだといえるでしょう。傍線部の前を見ると、「それ（「美」）をもとめる者」＝権力者たち、のありかたも含めた疑問が示されています。それと同じ疑問形であり、「また」という接続語で並列されている部分が傍線部です。なので、「阿弥衆」だけではなく、「美」を受け取る者たちの行為も「感覚資源」を「運用」することに入ると考えるべきです。だから傍線部の「感覚」はこうした両者が育んでいくものです。また傍線部の直後には、「感覚資源」が「伝承・保存」される、と書かれています。「阿弥衆」などは「文化諸般のアクティビティ」（L51）などを担います。そして「美」の創造を命じ、「美」を受け取る「義政」のような存在を、筆者は「文化のディレクター」（L70）、「文化リーダー」（L71）と呼んでいます。こうしたことと「伝承・保存」という語とをつなぐと、「感覚資源」は阿弥衆や権力者らが作り上げて、受けつがれていくもの＝「文化」でもあるといえるでしょう。「資源」ということばにも、ずっと利用するため蓄えられる、というイメージがありますから、受けつがれていく「文化」という語のイメージともつながります。

すると、「感覚資源」は**〈美に関わる者たちが磨きあげる感覚や作り出す文化〉**のことだといえます。では正解は？ ⑤ですね。「交感」、「美意識」は傍線部の「感覚」とのつながりから使われている表現だと考えることができるし、「美」を受け取る者が、「美と感覚を交感させて」（L25）という記述がありましたから、ノープロブレムです。

①は傍線部を「権力者」のものだけだと説明しているので×。②・③は逆に「阿弥衆」のことだけしか書いていないので×。④は「関係」が「感覚資源」だという説明になり、今述べたことと食い違います。ちょっと傍線部自体の解釈がむずかしかったかもしれない設問です。

ムズ

解答 ⑤

問十一　空欄補充問題（知識問題）

「を押す」という語句とつながり、文脈に合うのは⑤「横車」。「横車を押す」で〈無理を通すこと〉。義政は病気だという立阿弥を〈無理〉に呼び出しましたから、「横車」を押したのです。「口車に乗る」は、〈うまいことをいわれてだまされること〉です。

解答 ⑤

問十二　空欄補充問題

「阿弥衆」と「義政のような文化のディレクター」との関係を表す語句が入ることは、文脈からわかりますね。両者は「美」に関連する者たちですから、**⑤が正解**。「交感」は問題文にも登場することばですが、〈関係〉を表すことができるので、適切です。①チョイマヨは、「共同」はいいのですが、「幻想」が両者にあり、それが「共有」されていると断定することができないので、正解にできない。ほかは「〜と〜との」という空欄直前の表現とつながりません。

解答 ⑤

問十三　傍線部の理由説明問題

ラストの一文を見ると、「今日のデザイナー」が「ネクタイ」をしないことには、「個の才能として存在を許される遁世者としてのポジショニング」が引き継がれているのではないか、と述べられています。すると傍線部の理由はこれだ！　ということになるので、**正解は③**。「まっとうな生業から逸脱した存在」は「遁世者」のイイカエであることは L47 からわかります。「位置」は「ポジショニング」、「無自覚」は「無意識」と対応しています。ほかの選択肢は最終段落の内容と一致しませんし、①「伝統意識」は問題文にナシ。②「組織に従属して仕事をすることに対する拒否」は、「自由」を求めているということになり、「自由……ではなく」（L75）という記述と×。④は「阿弥衆」の意識だといえますが、やはり最終段落の内容と一致しませんから、「現代のデザイナー」が「ネクタイ」をしない理由にはなりません。⑤も最終段落の内容を踏まえていないし、「自覚」が「無意識」（ラスト）と×です。

解答 ③

梅POINT　問題文には書かれていても、傍線部の理由にならない選択肢に注意するのが理由説明問題では大事。

7 評論

『可能性としての歴史 越境する物語り理論』

関西大学

別冊(問題) p.52

解答

問1	問2	問3	問4	問5	問6	問7	問8
㋐ 顕在 ㋑ 醸成 (1点×2)	c (4点)	d (5点)	d (5点)	e (5点)	c (4点)	㋐ d ㋑ e ㋒ b ㋓ c ㋔ e (1点×5)	言語表現によって、歴史のイメージや文化を共有し共感できる、国民という共同性を生み出すという役割。(10点)

合格点 31点

/40点

ムズ 問4、問8

問題文LECTURE

語句ごくごっくん

L1 **主題**…中心となる内容。テーマ。題目

L15 **陥穽《かんせい》**…落とし穴

L16 **擬人化**…人間でないものを人間と見なすこと

L17 **実体**…①人間に関わりなく、それ自体で存在するもの ②正体

L17 **レトリック**…ことばの技法。修辞

L23 **媒体**…仲立ちするもの≒メディア

L28 **既往**…過ぎ去った時間≒過去

L31 **ナショナル**…民族的な。国家的な

L32 **自己同一性**（アイデンティティ）…→ p.48 語句「アイデンティティ」参照

L33 **正統**…伝統などを正しく受けついでいる血筋⇔異端

L35 **明断《めいせき》**…はっきりしていること。よくわかること
L38 **銘記**…深く心にきざんで忘れないこと
L42 **表象**…①イメージ　②象徴。ここでは表現すること、というほどの意味
L48 **此岸《しがん》⇔彼岸《ひがん》**…こちら側の世界（現実）⇔あちら側の世界
L57 **一義的**…①意味が一つしかないこと　②最も重要であること
L58 **客観**…→ p.26　語句「客観的」参照
L59 **標榜《ひょうぼう》**…主義・主張などを公然と掲げること
L59 **プロット**…小説などの筋書や構想
L66 **口承**…口伝えで伝わっていくこと
L66 **超〜**…①すごい　②「〜」をはみ出し、別物になる。ここでは②の意味

読解のポイント

・九〇年代の「歴史の見直し」は日本の過去と現在を肯定し、共同性を作ろうとする動きだった
⇔
・一方では、悲惨な体験を歴史が記述することを拒否する言説が生み出された

↓

・悲惨な体験をどう共有するかという課題に取り組む

↓

・その中で文学が歴史と同じように、「国民」意識の形成という働きをもっていることに注目が集まった

問題文は、第6段落冒頭で、「ただし」という接続語によって話題が、〈体験が記述されることを拒否する〉という、第5段落までに語られたことがらと〈対比〉されることがらへと移ります。また第8段落以降で「文学」の

働きについて述べられていきます。こうした話題の移り変わりに着目し、問題文を三つに分けて見ていきましょう。

Ⅰ　一九九〇年代の「歴史の見直し」（冒頭〜*L* 37）

テーマ　歴史と物語

先に「**歴史**」と「**物語**」との関係について説明します。ふつう歴史とは、過去にあった客観的な事実を書き、伝えるものだと考えられています。これに対して、歴史は、歴史家が今の時点から、あるものの見方に従って過去を振り返り、その見方に都合のいい過去のできごとを選んで一定のストーリー（＝「物語」）を作り、今現在の状況や状態がなぜ現れたのかを物語るものである——だから歴史は「物語」だ！　という考え方があります。たしかに軍国主義だった過去の日本では、天皇を中心とした〈皇国史観〉という軍国主義者に都合のいい歴史が語られ、それに合う過去の事実がクローズアップされました。このことを考えれば歴史は「物語」だという考え方は間違ってはいません。「歴史」と「文学」を似ていると見なす筆者もこうした考え方に立ってこの文章を書いていると考えてよいでしょう。

で、問題文ですが、人間は「記憶」によって自分の人生を支え、都合の悪いことは「忘却」します。これが集団的に、たとえば「国民」全体で行われれば、その「国民」にとって都合のいい「記憶」がクローズアップされ、忘れたいことは「忘却」されるでしょう。そしてわれわれの国はこういういい国なんだ！　という「歴史」ができあがります。それは「記憶」を選んで筋道＝ストーリーをつけたものですから、まさしく「物語」です。そしてその「歴史」＝「集合的記憶」は、集団の「共同性」を形作るのに役立つはずです。

ただし、このように、集団の「集合的記憶」や「共同的記憶」を、個人の「記憶」と即イコールと考えると「陥穽」（*L* 15）にはまります。集団＝個人という考え方は、「集団（＝社会とか国家とか）」を個人のように人格をもつもののように思わせ（＝擬人化）、個人が集まって「集団（＝共同体）」ができるんだから、「共同体」のことを考えれば個人のことを考えたことになるよな、という感じで、「共同体」を「個人にも先だつ独立の存在として」「実体視」します。それが「危険」なことなのです。

「日本社会の人格分裂」（*L* 17）なんていうことば（＝レト

リック）は、「社会」を、人格をもつ「個人」のように表現していますね。これが「陥穽」です。私たちのすべてが日本「国民」といわれるものと重なりますか？　少なくとも私はそうは思わない。みんな一人ひとり違うのだから、日本「国民」に入りきらない部分があるはずです。だから「陥穽」に落ちないためにも、「国民」とか「国家」という「共同体」が、実は「実体」などないのに、なぜか「実体」があるもののように作られていく仕組みだということ、それを知っておく必要がある。その仕組みが「歴史」なのです。「共同体」が「実体」として先にあるのではないのです。まずあるのは「共通の祖先」（L21）に関する「記録」であり、「歴史教育」が行われてその「歴史」＝「記憶」がみんなにインプットされる、その裏で都合の悪いことは「忘却」される、そうした「歴史」の働きがあって、「記憶と忘却の共同体（＝国家とか）」（L24）が成り立つのです。

このことは一九九〇年代の「歴史の見直し」論ではっきりしました。この「内戦」とも呼べる論争では、「南京《なんきん》大虐殺」はあったか、「従軍慰安婦強制連行」はあったか、という今でも語られることがらについて意見が戦わされました。

第二次大戦後の「戦後」の「歴史観（＝歴史に対する見方）」は、「皇国史観」のような戦前の歴史観を断ち切り、戦前とは違う日本の歴史を考えることを目指しました。こうした「歴史観」に反対したのが「歴史の見直し」を掲げた人たちです。でも「南京大虐殺」がなかった、ということを主張することが、その人たちのほんとうの目的だったのではない。彼らは「戦後」の「歴史観」のかわりに、「自国の歴史的連続性（＝日本はずっと変わってないよ、いい国だよ）を強調し」（L28）、過去の日本も今の日本も「肯定する歴史観」を、若い世代に与える「歴史教育」を、勝ち取りたかったのです。どうして？　さっき書いたように、「歴史教育」こそが「共同体」を作り上げるからです。だから「歴史の見直し」をしたかった人たちの最終的な目的は、「共同体（＝日本国）」の再編成です。「国民一人ひとりの国家への強固な帰属意識を効率よく調達すること」（L30）です。「ナショナルヒストリー（＝国家や民族の歴史）」ということばがL31に出てきますが、まさに「歴史の見直し」によって、「ナショナルヒストリー」をリニューアルし、「国家という『共同体』の自己同一性（＝確かさ）を「確保」し、現在の日本のありかたが「正統」であることを示したかったのです。

また、こうした「歴史の見直し」を掲げた人たちは、「歴史」＝「国家の来歴の物語」（L36）が「共同性」や「共同体」を作ることを見抜いていたという点で「明晰」であり、それを自覚して行ったという点で「新し」いともいえるのです。

Ⅱ 記憶の記述を拒否する動き（L38～L56）

先に「戦後」の「歴史観」に触れましたが、この「歴史観」は戦前とは違う歴史を考えようとしました。でもその中で、たとえば「従軍慰安婦」の存在を見過ごしてきました。だから、そうした「戦後的歴史観への批判」（L38）が行われました。それは「自国中心的な歴史叙述」（L40）に対する批判でもあったので、日本の過去と現在を「肯定する」「歴史の見直し」を掲げた人たちとは「逆の立場」です。

こうした立場は、一見よさげに見えます。でもこういう立場の歴史家は、たとえば「従軍慰安婦」になった女性に聞き取り調査をする、ということもするでしょう。「従軍慰安婦」になった、あるいはさせられた女性にとって、その体験は「忘却」したいことのはずです。なのにそれを明るみに出そうとする。そうした中から、「悲惨な体験を潜《くぐ》り抜けた生存者のトラウマ（＝心的外傷）的記憶が歴史の物語的記述」によって表現されていくことを拒む動きが出てくるのは当然ともいえます。「歴史」は結局「共同」的なものであり、つらい個人的な体験を真に「表象」することには「限界」があるからです。

ここには「戦後」の「歴史観」に関わって二つの方向が見えてきます。一つはⅠで見たように、戦前から続く「日本」の正しい歴史（＝国民の正史（L46））を書き、「ナショナル（＝民族的、国家的）な共同性の強化」をはかり、そうした「歴史」に対して疑問を抱く「他者の声」をシャットアウトするもの。もう一つは今述べたものです。つまり結局「歴史」というのは都合の悪いものや苛酷な体験に含まれる個人的なものを隠し、抑え込む（＝「隠蔽・抑圧」（L47））ものだという「歴史」への不信感から、「歴史一般を拒絶する態度」です。どちらも「歴史」を「物語」と見る点では同じなのですが、それを利用しようとする者とそれを拒絶する者は、河岸のこっちと向こうのように隔たっているのです。
　こうした事態の中で、筆者は、声を出して訴えることをしない「トラウマ的記憶（＝「前者」（L50））」が、一度作られるとなかなか変えられない「歴史＝物語」（＝「後者」（L51））を揺り動かし（＝流動化）、あらたに「物語り直してゆく」ことや、「前者が後者に隠蔽される」ことのない「関係」を作ることができないかを考えます。そして一九九〇年代後半から、そうした「困難な課題」に対する「アプローチ」が行われていきます。

Ⅲ 文学の働き（L57～ラスト）

　そうした中で、「歴史」と違う「領域」にあるとはいえない「文学」の働きも考えられていきます。いくら客観的だと歴史学がいっても、「歴史」がことばで記される「修辞学的（**語句ごくごっくん**「レトリック」参照）」なものであり、「プロット」（＝筋立て）や「イメージ」に頼るものであるかぎり、「文学」との近さを避けられません。
　そして「文学」には「歴史」と「共通の社会的機能」（L62）があるのです。それは、「国民国家（＝近代に作られた、同じ民族をもとに領土を決めた国家）」がひとくくりにした人々に、同じ「国民」ですよ、という意識を植えつける役割です。この「国民」は仲間ですから、「われわれ」（L64）と言い換えてもいいでしょう。もちろん「われわれ」ができれば、そこから排除される〈かれら〉が作られます。自分たちと違う〈かれら〉をのけ者にした「われわれ」は、「無垢《ナイーブ》（＝けがれのない、純粋な）で亀裂のない（＝一体である）心性の共同体」（L67）となるのです。島崎藤村も「浪花節《なにわぶし》につながる江戸期の口承文学」も、意図したかどうかわかりませんが、日本人の「共同性」を作り上げてきたのです。そしてこの文学の役割は、新聞などの「マスメディア」と関わりながら拡大されてきたのです。

ひとこと要約

歴史は国民の一体感を作り出す。

200字要約　満点30点

[a]九〇年代の「歴史の見直し」論は、共同体の記憶を「国家の来歴の物語」として提示することで、[b]自覚的に国民

7

国家の成員の帰属意識を強固にしようとした。これに対し、悲惨な体験へのトラウマ的記憶が「物語」に回収されることを拒絶する言説も生み出された。こうした中で、トラウマ的記憶をかろうじて伝達するための方途を見いだす困難な課題に対する取り組みが行われ、文学が「国民」意識を創出してきたことにも目が向けられた。（199字）

＊bは「歴史」は「共同体」の形成に関わる、という内容があればよい。

＊dは「トラウマ的記憶に声を与え物語的記憶に置き換えるという課題にアプローチする」なども可。

＊eは、単に「文学が歴史イメージを再生産する」は3点。また、単に「文学の機能にも目が向けられた」、最終段落の具体例のみは不可。

a・b・c・d・e…6点

設問LECTURE

問1 漢字問題（書き取り）

解答 ㋐顕在　㋑醸成

問2 内容説明問題

「一九九〇年代」における「記憶の内戦」（L4）と呼ばれた「歴史」論議については、**「問題文LECTURE」**のIの部分に書かれています。その中心となったのは「歴史の見直し」を進めようとする人々ですが、かれらは**〈① 表面的には、「共同体」レベルで記憶されるべき史実の選別をめぐって争った ② ほんとうは、「歴史教育」を変えることで、「国家への帰属意識」の強化をねらった〉**人たちです。傍線がないので、こうした設問は内容合致問題と同じと考えて、消去法でいいですが、cの前半が①と一致します。cの後半は第3段落にあることばを使って、「内戦」状態を説明したもので問題ないです。だから**cが正解**。

aは「記憶と忘却……史実が『実在』したのかどうかを検証しようとする」という部分が、「史実の選別」が対立点だったこと、「個々の史実の否認」は「意図」（L26）していなかったという記述と×。bは「歴史と個人の記憶を切り離そうとする立場」が問題文にナシ。この「立場」がL44の「記述」を拒否する立場を指すとしても、「記憶の内戦」といわれている対立は、L4の「記憶の内戦」

やL11の「内戦」には含まれていないことは文脈からわかります。dは「歴史教科書を『国民的史書』と見なすことの是非をめぐって」が①と×。eは「いかにして正確な記録を残すか」が争点だったという説明がやはり①と×。

解答 c

問3 内容説明問題

「歴史を無造作に『集合的記憶』ないし『共同的記憶』と見なすこと」の「危険性」については、L15で述べられています。「危険」なのは、〈① **個人の「心理的・言語的過程としての『記憶』作用を集団にまで拡張して想定することにより」、「共同体」が個人に先だつ「実体」としてあると考えること**〉です。こうした考えが、〈② **「共同体」を作り上げる「歴史」の働きを無視して、「共同体」があってそのあと「歴史」が語られるという誤った考え方を生み出します**〉。

こうした内容と一致しているのはdです。dの「それを避けるためには」以下は、「危険」とは直接関係のない、危険回避策ですが、これもL19以降に書かれていることなのでOKです。どの選択肢も冒頭部分が同じなので、

梅POINT 各選択肢が同様の内容を含む場合はそれぞれで違う部分に着目すべし。

aは「個人と集団との人格分裂を引き起こす危険性がありり」という部分がナシ。問題文では「日本社会の人格分裂」ということばが、個人と共同体をマゼコゼにする例として使われているだけです。bは「歴史を個人の記憶とは切り離して構想する」という部分が問題文に書かれていないことです。cは、「『歴史』が、特定の個人を記憶の主体として構想されるという危険性」以降が①・②の内容と食い違うし、問題文にも書かれていません。eの「個人的な記憶の再生産と忘却を『共同体』の『歴史』に反映させてしまう危険性」が①・②と×だし、「避けるためには」以降も問題文とズレています。「共同体」はもともと「記憶と忘却の共同体」（L24）です。

解答 d

問4 内容説明問題

「新しさ」という語がL37にあるので、そこに着目しましょう。すると「新しさ」は、「そうした自覚的＝確信犯

（＝ある自覚や確信をもって犯罪を行う者）的姿勢」です。そしてこの「そうした自覚的＝確信犯的姿勢」とは、〈「国民国家」が「自然」な「共同体」でありえないのだから、「共同性」は「国家の来歴の物語」＝「歴史」で作るしかない、とわかってやっていたこと〉を指しています。これは筆者がいうように、「共同体」は「歴史」が作り出すものだ、ということをわかってやっているので、ある意味「明断」ですが、これがどうして「新しい」のか？**〈① そうした「歴史」についての考え方を「自覚」して「共同性」を作ろうとしたという点が「新しい」〉**ということなのでしょう。

また設問は、「歴史の見直し」を掲げた人々の「ねらい」についても問うています。「ねらい」と**L26**の「意図するところ」が同様の表現なので、ここを見ればかれらの「ねらい」がわかるはずです。そしてこの部分は**問2**の②の内容です。なので正解は①と**問2**の②を含む**d**です。**L36**以降の表現を使ってくれているのでわかりやすくなってますね。「国民を統合する」という部分は「共同性」を作るということですから、①と一致します。「正しい」に引っかかった人もいるかもしれませんが、「確信犯」であるかれらは自分のしていることを正しいと思っているので、問題ないです。

aは「歴史教育を一新した」というのが×。かれらはそうしたかったでしょうが、「した」とは問題文に書かれていませんし、①の「新しさ」の内容と違います。**b**の「国民全体を巻き込む議論を引き起こしたところ」、**c**の「強権性を感じ取らせないところ」が、それぞれ「新しさ」＝①に一致しないし、問題文にはない内容です。**e** チョイマヨ は「国民国家が自然的な血縁・地縁の共同体でありえないことを自覚していたところ」が「新し」いといっています。でもこれでは「歴史」が「共同性」を作り出す、ということに触れていないので、「新しさ」の中味の説明が不十分です。「新しさ」の中心は「国民国家」に対する見方より、「歴史」に対する見方のほうにあります。

ムズ **解答 d**

問5 内容説明問題

「トラウマ的記憶」の話は問題文の**L38**〜**L56**にあります。そこには、

> ①「トラウマ的記憶」は歴史の物語的記述になることを拒む
> ②「トラウマ的記憶」が「歴史」＝「物語」を流動化させ、両者のあらたな関係を作りうる

ということが語られています。とくに②の内容、L50に一致するのが**e**です。**a**は、「日本史を専攻する歴史学者」によって「史実性が再検討され」たのは、「トラウマ的記憶」についてではなく「自国中心的な歴史叙述」ですし、「トラウマ的記憶」が「歴史の物語的記述に影響を与え」たとかいう話もナシ。**b**は、「拒否」するものが「歴史」を「共同性の強化のために利用する構想」になっていますが、「拒否」するのは「歴史の物語的記述に回収されること」(L43)なので×。**c**は、「トラウマ的記憶」が、「『国民の正史』の構想」と「『物語』としての歴史一般を拒絶する態度」によって「隠蔽される」と説明している点が×。「隠蔽」は「歴史叙述」(L40)や「歴史＝物語」(L50)によってされるのです。**d**は「回収」されると新しい「関係」が生まれる、というのがおかしいです。①に書いたように、歴史の物語的記述への「回収」は「拒否」されるのですから、新しい「関係」を作れるはずはありません。

解答 **e**

問6 内容説明問題

「問題文LECTURE」のⅢの部分をまとめる設問です。先にも書いたように「歴史」と「文学」はともに「共同性」を作り出すはたらきをするのでしたね。なのでこのことをきちんと説明している**cが正解**。「われわれ」は、「共同性」や「共感」(L64)によってつながれた人々です。

aは、「文学」が「語りえない出来事の記憶」を描くものだという説明が問題文にないし、そうした「文学」を「歴史」が「補完」するということも書かれていません。**b** チョイマヨ は「ジャンル的には区別される」という部分が、「ひとまず両者のジャンル的区別を認めたとしても」(L61)と食い違います。「異領域のものではない」(L58)とあるように、筆者は「歴史」と「文学」の「ジャンル」分けはむずかしいと考えています。**d** チョイマヨ は**b**と反対に「同一の領域に属する」といい切っている点が、「ひとまず両者のジャンル的区別を認めたとしても」(L61)と食い違います。つまり**b**・**d**みたいに断言はできないのです。**e**

7

は、「超地域的な『日本語』」を使ったのは、「江戸期の口承文学」で、「両者」ではありません。また「拡大・強化されてきた」のはラストの文の主語「構造」です。「文学と歴史叙述」の「影響力」そのものではありません。

解答 c

問7 **漢字問題（選択肢型）**

あは「看過（＝見過ごすこと）」で**正解はd「看病」**。a「召喚」。b「観念」。c「交換」。e「完了」。

いは「遂行（＝なしとげること）」で**正解はe「未遂」**。a「推挙（＝ある人をその地位につけるようにすすめること）」。b「抜粋」。c「衰弱」。d「自炊」。

うは「遮断」で**正解はb「遮光（＝光をさえぎること）」**。a「反射」。c「謝絶（＝ことわること）」。d「容赦」。e「捨象（＝個別的なものを考えないこと）」。

えは「布置（＝物を配置すること）」で**正解はc「布教」**。a「普及」。b「付（附）属」。d「赴任」。e「扶助（＝力を貸すこと）」。

おは「期」。「期せずして」で〈思いがけなく〉という意味。**正解はe「期間」**。a「基幹」。b「既刊」。c「帰還」。d「機関」。

解答 あ d　い e　う b　え c　お e

問8 **内容説明問題（記述）**

「文学」のことを問うているので**問6**とダブります。「役割」という設問文の語に着目すると、〈① **文学は「共通の歴史・言語・文化を共有し、相互に共感することのできる『われわれ』という意識を醸成（＝作り出すこと）する」**〉「役割」(L65)があるという部分が目に入るでしょう。ただし、この「われわれ」という表現はわかりづらいので**「『国民』を創出する」**(L63)などを使ったほうがいいでしょう。この部分も「機能」という「役割」と似た表現が用いられているところですから、使ってもいいですね。また「共同性が調達／更新される」(L68)などと説明してもいいでしょう。

さらに「文学」ということばを意識すれば、「文学的表現を媒体に歴史イメージを生産／再生産することにより、集団の共同性が調達／更新される」という部分が目に入ります。この部分の最後は①と同じですから、①に入らない内容を考えると、〈② **「文学的表現を媒体に歴史イメージを生産」すること〉が解答にプラスされるといいとわかります。ただ「文学」の「役割」を問われているので「文学」ということばを使うのは避けたいですね。「文学」ですから「言語表現を通して」などとすればよいでしょう。でもそうすると①の「言語」が重なるし、「歴史・言語・文化」と並べるのはダラダラした感じになります。「言語」は「文化」とつながりますから、「文化」にまとめてしまいましょう。そして解答例のような内容が書ければナイスということになります。「文学」と「歴史」は似ているのですが、「文学」について問われているので、最終段落の表現を使ったほうがいいでしょう。

ムズ　**解答**　**言語表現によって、歴史のイメージや文化を共有し共感できる、国民という共同性を生み出すという役割。**（48字）

採点のポイント

a　言語表現によって…1点
　＊「言語～を共有」でも可。
b　歴史のイメージを共有する…2点
　＊単に「歴史を共有する」は1点。
c　文化を共有する…1点
d　国民という共同性を（おのずから）生み出す…4点
　＊「国民（国家）」がないもの、あるいは「われわれ」を用いたものは2点減。
e　国民は共感できるもの同士だ…2点

7

8

評論

『遊びの現象学』

立教大学

別冊（問題） p.64

解答

(A)	(イ)	異形	2点×4	
	(ロ)	挑発		
	(ハ)	転嫁		
	(ニ)	交錯		
(B)	3		4点	
(C)	2		7点	
(D)	1		7点	
(E)	呼びかけと応答		6点	
(F)	4		8点	

ムズ (A)(イ)・(ハ)、(C)、(E)、(F)

合格点 25点

／40点

問題文LECTURE

語句ごくごっくん

L3 情調…気分、雰囲気、感情

L5 往還…行き帰り

L6 天びん…中央を支点として両端に皿をつるし、一方に測ろうとする物を、他方に分銅をのせて、水平にし、重さを知る器具。ここでは、「シーソー」自体のことを指す

L10 贖罪《しょくざい》…犠牲を払って罪を許してもらうこと

L12 呪術…不思議な力に働きかけて目的を達しようとする行為

L23 胎盤…胎児と母親をつなぐ器官。ここでは基盤、土台、という意味

L29 拮抗《きっこう》…→ p.72 語句「拮抗」参照

L48 屈託…気がかりなことがあり、くよくよすること。気力を失っていること

読解のポイント

・鬼ごっこ…鬼と子は役割を交換しながら互いに楽しむ

↓

・かくれんぼと「いない・いない・ばあ」（鬼ごっこ）
…①互いの「見る・見られる」というまなざしの揺れ動きの中で遊ぶこと
＋
…②呼びかけられそれに応答するという「同調」の遊びだ

↓

○遊びの本質は、互いがふと「同調」するところにある

問題文は、一つの段落が長いですが、第1段落が「鬼ごっこ」、第2段落・第3段落が「かくれんぼ（いない・いない・ばあ）」について論じています。話題が違うことを意識して、大きく二つに分けられればナイスですが、第2段落と第3段落では、「かくれんぼ」についての見方が少し違うので、今回は形式段落どおり、問題文を三つに分けて見ていきましょう。

Ⅰ 鬼ごっこ（冒頭〜L14）

鬼ごっこのそもそものありかたは、母親から子供をさらうというものであり、それがみんなの「記憶」のどこかにあるからか、鬼ごっこにはどこか「原初の（＝根源的な）」暗い「情調」が漂っているといえるかもしれません。でも決して遊びとしての鬼ごっこの鬼はおそろしいものではなく、鬼と子はシーソーに乗って遊ぶペアであり、シーソーが上がったり下がったりするように、鬼と子は「往還運動」（＝行ったり来たり・立場の入れ替わり）を行い、戯れるのです。そのとき鬼と子は、別々の存在というより、一体となった存在だといえるでしょう。「宙づり」ということばが出てきますが、このことばも鬼と子が役割を代える＝どっちにもなる、という固定されない立場であることを表していると考えればいいでしょう。鬼に捕まったら、今度は鬼になるというのも、鬼と「接触」したから「けがれ」がうつる、という「感染」の

ことなのです。
の中心（＝「支点」）に互いに近寄って交代する、という
「仕掛け」であり、シーソーの両端にいた二人がシーソー
「呪術」ではなく、遊びが「反復」され続いていくための

Ⅱ かくれんぼ①（L15〜L30）

「いない・いない・ばあ」や鬼ごっこの本質は「宙づり」、つまり役割の交換を受け入れるということでした。そしてそれを、「見る・見られる」という関係として示したものが「かくれんぼ」です。ただ「かくれんぼ」と「見る・見られる」という「まなざし」を結びつけるのは、あまりイメージが浮かばないですね。「いない・いない・ばあ」なら、母親と赤ん坊の間での「見る・見られる」という関係だってわかりますが。でも「かくれんぼ」も、鬼が隠れている子供を〈見つけ〉ようとするし、隠れている側は〈見つけられる〉側ですから、それを筆者が「見る・見られる」という関係だといっていると考えればいいでしょう。

かくれんぼについては、

●藤田省三…「喪失や迷子や流刑の経験」＝人生の中でひとりぼっちになる体験の原形

⇔

○筆者…「見る・見られる」というまなざしのクロス＝他人との独特な仕組み（＝「構造」）

という二人の意見が紹介されています。筆者がいう「仕組み」とはやっぱり自分と他人が遊ぶという状況の中「に・遊ぶ」＝〈遊びという状況の中に入り込んで遊ぶ〉、という他人と一体となるありかたです。

Ⅲ かくれんぼ②（L31〜ラスト）

L31には、「かくれんぼ」が「呼びかけと応答」の遊びであるという〈まとめ〉が書かれています。これは「かくれんぼ」の二つ目の性格ですが、「春風に……役割がわりふられる」（L32〜L39）まではその具体例です。そしてその具体例が終わったあと、また「つまり」という接続語によって〈まとめ〉（L39）が書かれています。例を二つの〈まとめ〉ではさんでサンドイッチ、これはよくある文章構造です。そして〈まとめ〉と例はイコールです

から、最初の〈まとめ〉と二つ目の〈まとめ〉もイコールになるはずです。たしかに「かくれんぼ」は「呼びかけと応答」だという内容は一致してますね。そして「呼びかけと応答」は「同調」だ、ということもここでわかります。ここでいう「同調」はシンクロナイズド・スイミングのようにピッタリ息を合わせる、という状態です。さてここからが少し手ごわいので、「主体」ということについて話しましょう。

テーマ　主体

1講の**〈テーマ〉**のところで、**主客二元論**の話をしました。理性をもった人間（＝主体）が、観察する対象（＝客体）とは異なった次元に立ち、その対象を分析することで、対象がもつ法則や真理をゲットすることができるという考えでした。このとき主体は自分以外の存在＝客体と明確に分けられます。人間に関していえば〈自立〉というイメージです。そしてこうした自立した人間には価値があるとされると、**他人と違う自分（個性をもった自分）、他人に影響されずに自分の意志で行動する自己**を、**〈主体〉**あるいは**〈主体性〉**をもった人間として尊重するという風潮が近代の価値観となっていきます。

で今回の文章ですが、「遊び手とは、遊びの主体ではな」い、ということは、遊びにおいては一人ひとりが自立した独立した存在ではなく、筆者のことばでいえば「同調」する存在だという意味です。もし遊びにおいて一人ひとりが「主体」であれば、一緒に遊んでいる人間の影響をなるべく受けないようにする、なんてことにもなりかねません。「遊び手とは、同時に遊ばれるもの」(L43)なのです。呼びかけられてそれに応じるのは、〈よしあいつと遊んでやるか〉とかいう、「主体による決断や合意」ではなく、「さそいかけ」られて、さそわれた子供の内部にその呼びかけが「反響」し、ふと「同調」してしまうという、主体と客体という区別を超えた状態なのです。こういう状態を〈主客未分〉といいますが、まさに遊びはそうした自分とほかの子供たちとの区別がなくなるような事態です。とすれば遊びは、近代的な主体性重視の価値観に反する、〈反近代〉的なものだということもできます。

主体の「意志」を超えて遊びに加わる「同調」がある。逆に「屈託」があって遊ぶ気にならないのに、「つきあい」だからといって遊んでいるときは、遊ぶことを「主体」が「自由」に「決断」した、ということになります。

ですがそのときは「しなやかな同調」は訪れません。楽しい遊びにはならないのです。つまり遊びは意志や決断によって台無しにされてしまうのです。だから遊びのはじまりは「自由な決断（意志）」ではなく、ふと他人に「同調」することから始まるのです。そして筆者が、「かくれんぼ」をはじめとする遊びに「人生の原形質（＝本質）のひとつ」があるといったのは、こうした、他者と世界を共有するというありかたのことだったのです。

ひとこと要約

遊びは人生の経験に関わる他者との同調行為だ。

200字要約

満点30点

かくれんぼに代表されるように、[a]遊びとは立場を入れ代えながら行われる他者との遊動行為であると同時に、たとえば「見る・見られる」というような、[b]自己と他者との関係の中で、他者ともども世界を共有するという、独特の存在様態を構造化しているものである。それは[c]我々の人生のもつ固有の一面を示しており、なおかつその遊びは主体の自由な決断によるのではなく、[d]呼びかけと応答によって始まる、[e]他者との同調なのである。（196字）

＊aで、「宙づりの遊動の関係」は比喩的なので3点。
＊bは「遊び」が「自己」と「他者」との関係の中にある、という内容があればよい。
＊cは「遊び」と人間の生きかたとの関わりが書かれていればよい。
＊dは「呼びかけ」「応答」のどちらかがないものは不可。
※「主体の自由な決断によるのではなく」という部分のように「〜ではなく」という説明の仕方は、「男ではなく、女だ」というように、裏返すと同内容になることが多いので、本来ならばあまり解答に入れないほうがいい。今回の場合は強調表現として書いたが、補助的な説明なのでポイントにはしていない。
＊eは、bより一段階進んだ、遊びの中での他者との〈同調・一体化〉という内容。

a・b・c・d・e…6点

設問LECTURE

(A) 漢字問題（書き取り）

(イ)「異形」は〈ふつうとは異なった姿形〉のこと。(ロ)「挑発」は〈事件や紛争などをひき起こすようにわざとしむけること〉。(ハ)「転嫁」は〈罪や責任を誰かになすりつけること〉。〈責任転嫁〉というように、四字熟語としても使います。「転化」は〈別の状態に変化すること〉で、この文脈には合いません。

解答 ムズ (イ) 異形 (ロ) 挑発 ムズ (ハ) 転嫁 (ニ) 交錯

(B) 空欄補充問題

空欄部が「遊び手と遊び相手」との関係を表す語句であること、「遊び手とは、同時に遊ばれるものである」、「遊びの発端」は「同調」であるといわれていることなどから、**3**の「同調」が解答候補に挙がりますが、決め手に欠けます。そこで、「わらいにわらいで応える」、「遊び手と遊び相手との」という二つの空欄の直前の表現にまず注目しましょう。これらは二つのものの関係を表しています。つまり遊びにおいて、遊び手同士はどういう関係にあるかを表す語句が適切だということになります。**空欄補充問題はなによりも空欄の直前直後の語句との関係を大切にする**のでしたね。

つぎに一つ目の空欄の直前の「わらいにわらいで応える」ということと同様の表現が、どこかに書かれていることに気づきましたか。

梅POINT 空欄補充問題では空欄の直前直後にある表現と同様の表現があるところに着目すべし。

問題文のだいぶ前ですが、*L* **5**に「わらいかけながら」という表現があります。これは「わらいかけ」るわけですから、遊び手同士二人の関係です。そしてその部分に続いて「ひとつに同調した往還運動を共有したのしむふたり」という説明があります。ここから笑いあう二人の関係が「同調」と表現されていることがわかります。だからやっぱり**正解は3**に決まります。

「キャッチボール」のイメージから**1**「対面」を選んだ人もいるかもしれませんが、二つ目の空欄に「対面」を入れると「対面にあって」という不自然な日本語になります。また、遊び手同士の間に隔たりを感じさせる語でもあり、一緒になって世界を共有するという、筆者のいう「遊び」に合致しません。

なにより**3**以外の選択肢は、「同調」のように、問題文に根拠をもってません。ダメな理由はそれだけでも十分です。逆にいえば、正解は常に問題文に根拠をもつということです。この現代文の原点は忘れないでください。

解答 3

(C) **傍線部の内容説明問題**

「遊びの基本骨格を傍線部(1)とし」た、という文脈ですから、傍線部＝「遊びの基本骨格（＝基本の骨組み）」ですね。また「『いない・いない・ばあ』や鬼ごっこ」の「基本骨格」が傍線部なのですから、傍線部は鬼ごっこなどの本質を説明した語句でもあります。すると第1段落の鬼ごっこの説明の中に、この「基本骨格」とつながる説明があると考えられます。そしてつぎのことを意識してください。

梅POINT 傍線部問題では、傍線部中、あるいは傍線部前後の表現と同様の表現のある部分に注目すべし。

傍線部の「遊動（＝遊びの中での動き）」という表現が***L* 6**にもあります。その語には「この」という指示語がついていて、「～のように、この～」というつながりから、この「遊動」とは「一枚のシーソーの板の両端でむきあいわらいかけながらひとつに同調した往還運動」を指していることがわかります。つまり**〈傍線部(1)「遊動」＝一枚のシーソーの板の両端でむきあいわらいかけながらひとつに同調した往還運動〉**という関係が成り立ちます。また同じ***L* 6**に「遊動をつりあわせる」といういいかたがあるので、「遊動」もバランスに関連します。傍線部(1)の「宙づり」も揺れ動くイメージです。すると「宙づりの遊動」という表現は〈「宙づり」という遊動〉という意味で、「宙づり」＝「遊動」であると考えられます。ならば「遊動」を説明すれば、「宙づり」状態も説明したことになります。なので「遊動」を説明した第1段落の内容と合致する**2が正解**です。

1「拮抗しあう企ての世界」は、「拮抗」という語の出てくる***L* 29**を見ればわかるように、筆者のいう遊びの世界とは逆のことです。**3**の「勝つ」勝たないという勝ち負けのことは問題文に書かれていません。**4**の「不安」はことばとしては***L* 2**に出てきますが、傍線部や筆者のいう遊びの世界の「基本骨格」に直接関係しません。**5**

チョイマヨの「交換関係」は「鬼ごっこ」の「宙づり」状態の一要素ですが、これでは「鬼ごっこ」のことだけしか説明できません。説明しないといけないのは「遊びの基本骨格」ですから、もっといろんな遊びのことを含むことのできる、**2**のような一般的な説明をしないといけません。

梅POINT　傍線部問題の選択肢で迷ったら、傍線部やそのイイカエ部分に忠実な表現をしているほうを選ぶべし。

ムズ　解答　**2**

(D)　傍線部の内容説明問題

「かくれんぼ」についての説明を求めています。だから今度は「かくれんぼ」にぴったりピンポイントではまるものを選びましょう。一般的な説明ではかえって設問が求めているものではなくなるので注意してください。

　まず「かくれんぼ」は、傍線部(2)直後で**「宙づりのまなざしの戯れ」(a)**だといわれています。またこれは「かくれんぼ」が、相手を見、こちらも見られる、という関係が逆になったりいろいろ変化する遊びだということを述べたものだと考えられます。そしてそのような関係になることで、「かくれんぼ」を遊ぶ人間同士は「そのような状況『に・遊ぶ』」＝自己と他者との独特な関係の中に入り込んで、**「他者とともども世界に遊ぶ」**(L28)のです**(b)**。こうした**a・b**の要素を含んだ選択肢として**1**があります。**1**の前半は**a**そのもの。「関係のみならず状況自体を他者と共有する」という部分は、**b**をイイカエたものです。

　2は、「まなざし」自体が「同調」したり「反転」したりすると書かれていますが、そうした内容は問題文にはありません。**3**は(C)の**1**と同じく、「他者とするどく対立しあう企ての世界」が、筆者のいう遊びや「かくれんぼ」とは逆の世界です。**4**は「喪失や迷子の経験を反復する」が間違い。これは筆者とは意見が違う藤田さんの考えです。**5**は「合意された」が×。「遊び」は「決断や合意であるよりは」(L44)とあり、筆者は「合意」というありかたを、遊びの要素としてはあまり認めていません。

解答　**1**

8

(E) 抜き出し問題

設問文の「どのような過程から遊びがはじまる」かという問いかけに注目してください。

梅POINT　抜き出し問題では、傍線部中や傍線部前後の表現および問いかけと同様の表現のある部分に着目すべし。

抜き出し問題も傍線部問題の一種ですから、傍線部問題と同じお約束が適用されるということです。すると、「遊びがはじまる」という傍線部(3)の表現と似た表現が、「かくれんぼもまた、他の多くの遊びとおなじように、のっけから、呼びかけと応答の、それ自体一種の遊びではじまる」というふうに、L31にあることに気づくでしょう。つまりすべての遊びは「呼びかけと応答」によってはじまるのです。これは「どのような過程から遊びがはじまる」かという問いかけにも対応していますから、「**呼びかけと応答**」が正解です。

この答えでは簡単すぎる！　とか思って、「枠組みを設定する」(L11)や「仕組まれた不在」(L21)などを解答にした人もいるかもしれません。でも前者は「鬼ごっこ」に、後者は「いない・いない・ばあ」に限定されたことがらで、「遊び」全般にいえるものとは断定できません。また、

梅POINT　抜き出し問題や記述問題の解答とは、その語句だけで内容が明確にわかるもの、と心得よ。

「鬼ごっこというシーソー・ゲームの天びんの枠組みを設定する」という部分から「枠組みを設定する」という語句だけを抜き出しても、〈それだけで意味がわかる〉ということにはなりませんね。そうした観点から自分の解答をチェックすることも必要です。

ムズ　**解答**　**呼びかけと応答**（7字）

(F) 傍線部の理由説明問題

傍線部(4)のように、「遊びのはじまりは、企ての主体の自由な決断によるものではない」といえるのはなぜでしょう？　(E)でも確認したように、遊びは「呼びかけと応答」によってはじまります。その「呼びかけに応じる

とは、企ての主体による決断や合意であるよりは、さそいかけという遊びの発端が、遊び手の内部に反響させた同調の動き」（L44）だからです。つまり、

a　呼びかけと応答によって遊びははじまる
↓
b　そのさそいかけが遊び手の内部に反響する同調を生む
↓
c　そこに決断や合意という意識が介入する余地はない
≒
傍線部(4)

ということになります。

梅POINT　理由説明問題では論理の見取り図を組み立てるべし。

そしてこのように考えれば、4がb・cの内容をまとめていて正解だとわかるでしょう。1チョイマヨは問題文には書かれていることですが、上に整理した傍線部につながる論理と無関係です。つまり理由にはならない説明をしているということになります。これを選んだ人は、単に問題文に書いてあるかないか、ということだけで設問を解いた人だということになるかもです。反省！　です。

2は最終段落に書かれていることに近いですが、2の状態は本当の意味での「同調」が生じているとは限らないとL48以降に記されているので、筆者のいうほんとうの「遊び」のありかたと一致しません。3は「他者と合意した上で」という部分が、先に引用した「合意であるよりは」と×。5は「遊ぼうと思う」という表現に問題アリです。筆者は遊びはさそいかけに、意識するまでもなく心や身体が「同調」していくことだと考えているのです。それに対して「遊ぼうと思う」というのは、自分自身の「決断」や「意志」を示している表現です。遊びのはじまりはこうした意志や「決断」めいたものではない、と筆者は述べていますから、5は問題文とも傍線部ともミスマッチです。

ムズ　解答　4

9

評論

『日本文化における時間と空間』

明治大学

別冊（問題） p.72

解答

問1	a ③ b ① c ④ d ② e ⑤	2点×5
問2	⑤	3点
問3	らである。	3点
問4	④	4点
問5	「建増し」主義	6点
問6	日本語の定型詩では極端に字数の短い詩型が普及し、対句を容れることがほとんど物理的に不可能だったから。	8点
問7	③	6点

ムズ 問1b・d、問2

合格点 33点

／40点

問題文LECTURE

語句ごくごっくん

L1 相称…対称（＝二つのものが同じ形で向き合う位置にあること）

L3 抽象化…→ p.16 語句「抽象」参照

L13 幾何学的…図形をもとにしたさま

L16 分節化…→ p.26 語句「分節する」参照

L25 合理的…①理屈や法則に合致しているさま ②能率がよいさま

L32 概念…→ p.36 語句「概念」参照

L34 散文…小説や評論など⇔韻文＝詩や短歌、俳句など

L68 第一義的…一番大事なさま

L74 遍在…どこにでもあること

L87 村八分…村人に規約違反などがあったとき、全村が申し合わせ、その家との交際などを断つ私的制裁。一

般に仲間はずれにすることもいう

L89 **所与**…はじめから与えられていることがら。事実

L108 **権謀術数**…人をたくみにだますはかりごと

L114 **体系**…別々のものを統一した組織。まとまった全体。システム。一定の原理で組織された知識の統一的全体

L115 **広汎（範）**…範囲が広いこと

読解のポイント

・中国は徹底した相称的な文化の国である

⇔

・日本（美術）は非相称性を強調する文化である

↓

・〈背景〉部分から全体に至る「建増し」主義がある
＝①「今」という時間の強調、②「ここ」という空間への集中

↓

・非相称性の美学の頂点は茶室である

↓

・茶室の美学は広く日本美術に影響を与えた

問題文は、日本と中国とを〈対比〉しながら、日本美術（文化）の特徴を掘り下げていく文章です。少しだけ「西洋」も出てきますが、西洋は「日本」と「中国」の中間（公的な建物は「相称的」だが個人住宅は「非相称的」）というだけなので、ここでの説明は省きます。では二つの国の文化を説明していきますが、まずは中国文化についてです。

I 中国の文化

中国は、すべての建物が左右相称であり、「合理的秩序」（L25）が貫かれています。「陶磁器」や家具もそうだし、漢詩の詩法の中心である対句は、「概念（＝ものごとの大まかな考えをことばで表現したもの）の相称的配置」（L32）です。そしてそうしたことが一〇〇〇年以上も続き、日常生活にまで浸透していきます。

そして「左右相称」は、全体の構想から出発します。

時間的にも空間的にも全体を意識するところに「相称性」は成り立つのです（L77）。

Ⅱ—① 日本（美術）の非相称性

日本の美術には左右相称というものがない。その典型が「建築」と「庭園」です。「絵画」は自然を描きますが、自然は「左右相称」ではないので、それをそのまま描けば、日本でなくても「左右相称」にはならないでしょう。でも「建築」はなにかを描くものではありません。「建築家が特定の空間を彼自身の考えと好みに従って構造化（＝仕組みとして作ること）する空間である」（L8）。それなのに日本の建築は「桂離宮や茶室」のように、「非相称」なのです。ヨーロッパの「相称的」な建築が建てられた時代と同じ時期に建てられた「桂離宮」の「庭」にも「相称性」はないのです。

さっき中国の「対句」のことをいいましたが、日本語の定型詩（＝5・7・5などと形が決まっている短歌など）で「対句」を用いることはほとんどありません。語数の少ない「短歌（和歌）」が普及したということもありますし、俳句はもっと短い。でも古い時代の「長歌」などにも「対句」はほとんど見られない。

Ⅱ—② 日本（美術）の非相称性の背景

ただし言語表現の問題をもち出してきても、日本の「造形的表現」＝「建築」や「庭園」が「相称性」に「抵抗」した理由にはなりません。筆者は「日本文化の非相称性強調の背景には何があったか」（L50）、「相称性を含まない空間の秩序は、どういう文化的特徴を条件として成り立ったのか」（L52）と問題提起をします。そして筆者は、おそらく「抵抗」の背景には、建築や庭園の空間を作るときの、「部分からはじめて全体に到る積み重ねの強い習慣」（L66）があるのではないか、と考えます。それは言い換えれば「『建増し』主義」、つまり初め一部分だけ作っておいて、それにプラスしていく、というプロセスです。建物全体が最後にどんなものになるかは大事なことではない。それは時間の問題でいえば、過去―現在―未来、という全体を考えず、「今」という現在だけを重んじる「『今』の強調」（L76）であり、空間でいえば、〈あそこ〉や〈そこ〉まで含めて全体的に考えるのではなく、「ここ」だけに注目する態度です。

またこうした、「部分」にこだわることは「細部尊重主義」（L93）と言い換えることができ、それは「非相称性」とつながるものですが、これらには山国の日本の「自然」も関係しているのかもしれません。日本の自然には「広大な沙漠や草原がない」（L79）。「均質」な空間がない。「相称性」のない「自然」ばかりだから、「非相称性の美学」（L83）が生まれるのかもしれない。

さらに日本の社会のありかたも影響しているかもしれない。日本の産業は昔から稲作です。稲作はムラ全体の協力が必要です。だからムラの結束は堅く、個人がどうこうできるものではありません。ムラという全体が動かないから、個々人の関心は自分と自分の周り＝「部分」に向いていきます（＝自己中心主義）。そして「誰もが自家の畑を耕す」（L90）。この「自己中心主義」は、ムラ人同士の間では「等価交換（＝同じ価値のものを互いで取り換えること）」という仕組みで抑えられますが、外部の人間には「自己中心主義」が露骨に現れる。たとえば飢饉《ききん》のときに、いくら取引しようといっても、自分の家で作った作物をよそ者にはやらない、というような閉鎖的な状態を考えればいいかもしれません。こういう社会の傾向が、個々人の心の中に入り込む（＝内面化）ことになれば、部分（＝自分の周り）だけを大事にする、「細部尊重主義」が広がっていきます。

Ⅱ―③ 日本の美学の頂点

こうして日本的な「思考と感受性」は作られていったと考えられますが、筆者は自然や社会的環境「だけではない」（L100）といいます。筆者は「茶室」が大きな意味をもったのではないか、と考えています。「非相称性の美学」が頂点に達するのは、戦国時代です。なぜそのような時代に「非相称性」が頂点に達するのでしょう？ その時代は内乱の時代です。社会秩序は破壊されていました。そうした不安定な社会に嫌気がさすと、人々は「社会的環境の全体からの脱出願望」（L106）を抱きます。そして人は自分の世界に閉じ込もる。それは「ムラの安定性が用意した心理的傾向」（L107）＝「自己中心主義」でもあります。その世界が「茶室」です。そして「茶室」の中で自分だけの世界を作り上げ、楽しむ。建物、光や道具がその時々で移り変わる。それは「相称性」という決まりきったありかたとは無縁です。だから「茶室」に関連する空間は「非相称性の美学」が「頂点」に達した空間なのです。そしてそれが千利休によって「禅」の思想を背景にもつ「侘《わ》びの茶」として完成されたとき、日本の美術（文化）は「茶」の文化の影響を受けて、「非相称性」の「美」を重んじるものになったのではないか、と筆者は考えています。

テーマ　日本の短詩型文学

短詩型文学とは和歌（短歌）や俳句のことです。なぜ和歌や俳句は短いのでしょうか？　日本には近代西欧のような主客二元的な思想がありませんでした。だから主体である作家が神のように、客体である読者より優れているというような近代芸術の考え方はありません。和歌や俳句（俳諧）は〈主〉である作り手と〈客〉である受け手が一つになるためのアイテム、つまり社交の道具でした。短いことばを放つ。そこには短いことばではいい尽くせないものが残ります。それを日本では〈余情〉といい、受け手は作り手と一緒にいろいろと考える。そこに〈社交〉が生まれます。〈主客未分〉の世界です。だから和歌や俳句は「いい尽くさない」こと＝短さが一つの条件となったと考えられます。このように、作者がどのような位置にあるか、作者と読者がどういう関係にあるか、で文学のありかたは変わります。

ひとこと要約

日本の文化は非相称的だ。

200字要約

満点30点

[a]中国は相称性文化の国であり、[b]日本美術の特徴は非相称性にある。[c]西洋建築はその中間だが、[d]日本の非相称性は建築と庭園に最も現れる。[e]その背景には部分から全体に至る「建増し」主義があり、[f]その世界観は「今」という時間の強調であり、[g]「ここ」という空間への集中である。[h]またその傾向は相称性をもたない自然や、[i]社会の自己中心主義によって強化された。[j]そうした非相称性の美学の頂点は茶室であり、[k]以後の日本美術に広く影響した。（200字）

＊dは「建築」と「庭園」のどちらかがないものは1点。
＊eは「部分から全体に至る」という内容があればよい。単に「建増し主義」は1点。
＊iは単に「細部尊重主義が展開された」は不可。
a・c・e・h・i・k…3点／b…4点／d・f・g・j…2点

設問LECTURE

問1　空欄補充問題（接続語）

aは直前の「その間に相称性のあらゆる段階があり」という内容を受け、その具体例として「古代ギリシャの神殿」などの「相称性」グループ〜「桂離宮」などの「非相称性」グループが挙げられています。また今引用した「その間」という指示語は、「間」という広がりをイメージさせるので、同様のイメージを与える「建物は厳密に左右相称的なことも、全く非相称的なこともある」（L9）という部分を受けていると考えられます。なので、**a**をはさんだ文脈は「相称的なものと非相称的なものの間に、建築家と文化に条件づけられた段階がある」〈まとめ〉＝「古代ギリシャの神殿」〜「桂離宮」〈例〉、という〈まとめ〉と〈例〉の関係になっています。**〈まとめ〉と例はイコール**でしたね。ですから**a**には例を示す〈たとえば〉などか、イイカエの役割をする語を入れる。なので**③「すなわち」**が適切。⑤「いわゆる」もイイカエに使いますが、〈世間でいわれている〉という意味なので、〈いわゆる〉という語のあとには、世の中でよく使われる表現が続きます。**a**はそのようなつながりがないので、使えません。

bはなにも入れなくても通じるところなので、あまりヒントがない。こういうところは後回しにして最後に考えるとよいでしょう。**「同じものを繰り返し用いてはいけない」という設問条件は〈ほかの部分との関係で決まる〉というメッセージでもあります。**

cは直前で、字数の長い「長歌」や「今様《いまよう》」もあった（だから字数が短いから、「対句」がないとはいえない）、〈でも〉やはりそのどちらにも「対句」はない、という流れです。ですから**④「しかし」**がいいです。

dもあまり根拠がありませんから後回し。

eは「千利休」が完成させた茶の世界＝「侘びの茶」という関係。「侘びの茶」は、一般的にいわれる利休の世界を表す言葉なので、**e**には先に説明した**⑤「いわゆる」**が◯。

さて残った**b**・**d**ですが、①「おそらく」か②「もはや」です。**b**は、筆者が「一つもない」と推論している文脈だと考えて**①「おそらく」**を入れます。**d**は世の中が武士団の勢力争いにおおわれ、それを抑える力は〈**もう**〉＝もはや公家にも幕府にもなかった、という文脈を作ると考えて、②**「もはや」**を入れるといいでしょう。

解答 a ③ ムズ b ① c ④ ムズ d ② e ⑤

問2 空欄補充問題（知識問題）

「桂離宮」の庭を説明した部分。その庭は「非相称性」であり、「日本全国の名所の風景を縮小して再現」したものです。だからその庭の中を歩いていくと、風景はさまざまに移り変わっていくはずです。⑤「千変万化《せんぺんばんか》」はその字のとおり、〈さまざまに変化すること〉ですから、⑤**が正解**。①「千古不易《せんこふえき》」は〈永久に変わらないこと〉で⑤と逆。②「十重二十重《とえはたえ》」は〈何重にも重なるさま〉、「重なる」が今の場合不必要な意味だし、「十重二十重する」とはいいません。③「千篇一律《せんぺんいちりつ》」は〈ものごとがみな同じで変化がなく、面白みのないこと〉、これも⑤と逆。④「百花繚乱《ひゃっかりょうらん》」、〈優れた人・業績などが一時にたくさん現れること〉で、意味としては**X**に入れられなくはないですが、「百花繚乱する」とは、やはりいいません。

ムズ **解答** ⑤

問3 脱落文補充問題

p.12からの「現代文のお約束」に書いてあるように、**まず設問を見て、こういう時間のかかる問題があるかどうか、チェック**する習慣をつけましょう。その上でこうした問題については以下の解きかたを守ってください。

脱落文補充問題の解きかた

(1) 脱落文冒頭の指示語、接続語がうまく働くところを考える

(2) 脱落文と問題文とに、共通語句、類似表現があれば、話題が同じだと考えて近くに入れる

(3) もともと、逆接・並列の接続語、指示語や話題のつながりなどで強い結びつきをもつ部分の間には入れない

(4) 迷ったら入れてみて、あとの文脈とのつながりをチェックする

では設問を見ていきます。脱落文の「今」・「ここ」という表現が*L* 76にもあります。**共通語句、類似表現**です。この段落の最後は「相称性」の話をしていますが、それと対比される形で、「部分の洗錬」という「非相称性」について説明した脱落文があると考えればよいでしょう。脱落文の冒頭に「一方」などを補って考えるといいかもしれません。

解答 **らである。**

問4 傍線部の理由説明問題

「茶室」についての説明は最後の段落です。だいぶ傍線部1から離れています。**問題文全体を見渡して内容的につながるところを見定めてください**。

最終段落に書かれた内容を、茶室が「非相称性」を性格としてもつものになったプロセスとしてまとめ、〈だから茶室は「非相称性」となった〉というふうに、傍線部とつながるようにすれば、傍線部の〈理由〉になります。

では最終段落の内容をそのようにまとめてみましょう。

a すべてが破壊される戦乱の時代だった
↓
b 人々には社会全体からの脱出願望が生まれた
↓
c 茶室の静かな空間に魅力を感じた
↓
d 小さな部屋の中でさまざまな物の細部が洗練されていく
↓
茶室は「非相称性」となった（＝傍線部**1**）

この内容に最も合致するのは④です。①は「桂離宮の中に茶室があり」という内容が問題文にナシ。②は因果関係がおかしい。窓などの形が「美的であるためには非相称性が必要」なのではありません。この説明だと窓などの「形」のほうがまず大切だったことになります。そうではなく、窓の形などを洗練させていったら、自然と「相称的な構造を容《い》れる余地が全くない」（L112）状態になった。それを「意識」すると「反相称的美学」が誕生した。「非（反）相称性」自体が大切なのです。③は「その後の安定期」の話なんか、問題文にありません。⑤は、「禅の思想」が「左右非相称性」をもっていたかどうか、問題文からは判断できないので、正解にはなりません。

解答 ④

9

問5　抜き出し問題

傍線部2は「相称性」の話をしていますが、問われているのは、「建築や庭園などの造形的な表現が非相称的である理由」です。つまり日本の造形表現が「非相称的」である理由です。8講(E)の梅POINTでも**抜き出し問題では傍線部や問いかけと同様の表現のある箇所に着目する**ということをいいました。このことを意識して、問題文に日本の「造形的な表現」の「非相称性」について語っているところを探しましょう。*L*65の、「造形的表現における相称性への抵抗」という表現が見つかりましたか？「相称性」に「抵抗」した、ということは、「非相称性」へ向かった、ということですから、問いかけと同じ内容ですね。そして*L*65〜は「抵抗の背景」について述べています。「背景」というのは〈ものごとや人を背後から支えるもの〉という意味で、〈理由・原因〉とも近いことばです。だから*L*65〜は日本の「造形的表現」が「非相称性」をもつ〈理由〉を述べているといえます。そしてそれを「別の言葉でいえば、『建増し』主義」だと述べています。だから「『建増し』主義」が「非相称性」の〈理由〉になります。ちょうど「七字」だし、「**『建増し』主義**」が正解です。建築などの「造形的表現」に関連すること、「七字」ちょうどであること、がポイントです。

解答　**「建増し」主義**

問6　傍線部の理由説明問題（記述）

今度は日本に「対句」がない理由です。それは*L*54〜*L*64に書かれていることなので、この部分の内容で、「対句」がない〈理由〉となることをピックアップしていきましょう。

まず*L*55に「その理由は」とあるので、これが一つ＝**「極端に短い詩型が」「普及したから」(a)**。そして短いので、**「対句を容れることは」「物理的に不可能」だった(b)**。

つぎに「長歌」や「今様」の話が続きますが、これらは和歌や俳句より長いけれど、そこにも「対句」は見られない、という「対句」が排除されているという事例であって、〈なぜ対句が使われなかったのか〉という〈理由〉には直接関わりません。

そしてほかに「対句」について説明した部分はないので**a・b**の内容を書けばよいのです。記述問題はこわくない！

解答 **日本語の定型詩では極端に字数の短い詩型が普及し、対句を容れることがほとんど物理的に不可能だったから。**（50字）

採点のポイント

a　極端に字数の短い詩型が普及した…4点

※「極端に」がないもの、「極端な短詩型の支配」をそのまま用いたものは不可。

b　対句を容れるのは物理的に不可能だった…4点

※「物理的に」がないものは2点減。

問7　内容合致問題

3講**問八** 梅POINT に書いたように、問題文と矛盾するものがワースト1、問題文にナシ、がワースト2、因果関係に問題があるのがワースト3クラスでした。これを踏まえて、一つずつ丁寧に問題文と照らし合わせてください。

①…最後の部分が問題文にナシ。ワースト2。

②…「西洋」は「相称性」と「非相称性」の「中間」（*L* **18**）だという内容と×。ワースト1。

③…*L* **17**～*L* **39**の内容に対応しています。**③が正解。**

④…「対句」は、「相称性」文化の例であり、「相称性」を重んじる結果現れた詩の形です。「相称性」文化の「原因」ではありません。因果関係が×です。ワースト3クラス。

⑤…「絵画」は*L* **3**～にあるように、どこの国のものでも「左右相称ではない」ので、「西洋」の「絵画」に「相称性」があるというのはおかしい。また「西洋」の「定型詩のほとんど」に「対句」が見られる、というのは「ヨーロッパの詩文にもないことはない」（傍線部**3**）と×。ワースト1のグループ。

解答 ③

さあどうでしたか。ここまでで評論はおしまい。受験現代文の80％以上は〈評論〉です。まず〈評論〉を征服してください。そして〈評論〉とペアで出されることが多い〈随筆・エッセイ〉に進みましょう。

『文明の憂鬱』

法政大学

別冊(問題) p.84

解答

問一	問二	問三	問四	問五	問六	問七
ウ	ウ	エ	霊的な存在が物的な証拠によって科学的に証明されることを求める心理構造	死生	オ	ウ
5点	5点	5点	10点	5点	5点	5点

合格点 30点

／40点

ムズ 問二、問三

問題文LECTURE

語句ごくごっくん

L5 **顕現**…→ p.73 語句「顕現」参照

L6 **観念**…→ p.16 語句「観念」参照

L6 **唯物論**…精神などではなく、物質が世界を成り立たせる源であるという考え

L7 **イデオロギー**…①主義主張　②人間や社会を支配する価値観

L8 **絶対的**…ほかと比べようがないさま。ダントツ

L9 **君臨**…→ p.73 語句「君臨」参照

L11 **概念**…→ p.36 語句「概念」参照

L14 **凋落《ちょうらく》**…落ちぶれること。衰えること

L18 **絶対者**…神など、絶対的な存在

L26 **奇妙奇天烈《きてれつ》**…珍しいこと。説明できないような不思議なこと

L30 **不可知**…知ることができないこと

L30 **仮象**…仮の姿

L32 **輪廻《りんね》**…迷いの世界の中で、生き変わり死に変わること

L32 **世俗化**…宗教的なものや聖なるものが、日常的なもの

になること

L36 **倒錯**…①上下が逆になること　②本能や感情、および人格の異常によって、反社会的行動をすること　③おかしくなること。ここでは③の意味

L37 **カルト**…過剰な崇拝、支持

L39 **俄《にわ》かに**…急に。突然

L41 **似非《えせ》**…本物に似ているが違うもの

L42 **件《くだん》の**…例の。いつもの

L47 **論破《ろんぱ》**…理屈や論理で相手を言い負かすこと

L48 **形而上学《けいじじょう》**…現象の背後にある、見えないものごとの本質をとらえようとする学問のこと。形而上…目に見えない、思考だけでとらえられるもの

L52 **心許《こころもと》ない**…ものたりず、不安・不満なさま

読解のポイント

●近代だけではなく、現代も科学を信仰の対象としている

⇔

○〈死とはなにか〉という、科学だけでは答えの出ない問題には、なんの解答も出されていない

問題文は〈近代〉について語っています。**〈近代〉について論じた文章は、〈近代〉をほかの時代と〈対比〉的に論じることが多い**のですが、この問題文は〈近代〉と「現代」に似た点を見いだしています。〈近代〉が論じられる第1・第2段落と、「現代」について語る第3段落以降を分けて、問題文を見ていきましょう。

I　近代（冒頭～L21）

エリアーデというおじさんは「心霊学」が成立したのは「一八五〇年頃」だといっています。この当時は「唯物論的イデオロギー」がはやった時代です。つまり「心より、物だよ」っていう時代だった。だから「霊」を「物的」に証明する「心霊学」が現れ、「実験科学の基準を導入して」「霊魂の不滅」を「物理的」に「証明」しようとしたのです。

でも「物」=「証拠」=「科学」というつながりはわかりますが、「霊」を「科学」で証明するというのは、ちと違

10

うのではないか、と筆者はツッコミを入れます。だって「キリスト教」が強い力をもち、みんなが神を絶対だと信じている時代ならば、「死んだら私の魂は神さまのもとに行くのだ」って自然に信じられるし、「物」や「科学」で「証明」するまでもない。だいたいが、「霊」とか「霊魂」だとかいうものは、「肉（肉体）」という物質とは「対立」する考えであり、だからそれをマゼコゼにして、「霊」を「物」で「証明」するという発想自体、おかしいのです。

でもどうしてそうなっちゃったのか？　それは今述べたことからわかるように、神さまの力が弱まってしまったからです。そもそも「科学」は神の作ったこの世界の法則を明らかにするために登場したのでしたが、いつのまにか、「なんだ、それって神さまでなくても作れるじゃん」ということになって、神の権威は失われてしまったのです。「ニーチェ」というおじさんは、「神は死んだ」という有名なことばによって、こうして死にそうになっていた神さまに最後の一撃を食らわし、ノックアウトしてしまいました（「チューブを外した」というたとえはそういうことです）。でも神さまがいなくなった時代の人々の心は虚《うつ》ろです。だって今までは「なぜ死ぬのか？」という問いに対して、「神さまが私を呼んでいるんだ」と答えればよかった。だけど神さまを信じないようになると、自分が死ぬことも生きることも、意味や根拠がなくなってしまいます。「なぜ死ぬのか？」→「偶然じゃん」みたいになって、人々は「空隙」（L19）（＝虚ろな心）に悩まされます。その心のすきまに入りこんだのが、「科学」という新しい近代の神です。生きたり死んだりという人間の運命の不思議さを、今度は「科学」が解き明かしてくれる、人々はそう思いました。それが「心霊学」が誕生した時代＝〈近代〉なのです。

Ⅱ　現代（L22〜ラスト）

でも、これは〈近代〉だけの話ではありません。「心霊学」が誕生した「百五十年前のヨーロッパ」と同じように、現代でも「科学に対する信仰」は強いのです。たとえば「心霊写真」、これぞまさしく「心霊学」の子孫でしょう。よく考えれば、写真という「物理的な仕組み」に、物体ではないはずの「霊」が写るということはありえない。「霊」は「物理的」なものでも科学的なものでもないのだから。かえって、誰がなんといおうと「私は見たっ！」という、不思議というか、あぶない「証言」のほうがまだ「霊」には似合う。なのに「霊」が写真に写ると思うのは、つまり心霊写真を信じるのは「科学」的なものを信じているからです。「物」として見えれば実在するという「科学信仰」の現れなのです。「この世ならぬ何ものか」＝「幽霊」などが、写真に写ったら「この世の中の何ものかであった」ことになるという矛盾にどうして気づかないのか、と筆者は「心霊写真」を信じることを批判します。「実体」はわからない（＝不可知）が「仮象」として現れたのだ、というのなら、生まれ変わり（＝輪廻）とかを信じる、宗教が俗化している日本ならありうるかもしれません。けれど、やはりそういうことじゃなく、やっぱり「心霊写真」とかを信じたいというのは、「霊的な存在を科学的に証明したいという近代的な欲求」（L33）と、「死後の生」を「物質」として見たり、触れたりしないと「死の不安」が消えないという、これまた近代的な「物」への信仰＝「唯物論的イデオロギー」なのではないか、と筆者は考えています。

　こういう科学への信仰は不思議なことに現代の新興宗教にも見られます。「科学的な証明」だと判断されれば、みんな信じる。ただ科学っぽいだけでみんな信じるのですから、「似非科学」が人をだましやすい時代です。

　そうした〈科学っぽさ〉には「真実は常に一つ」（L46）だといって、「科学的事実」を突きつけてしまえばすむでしょう。でももし、現代風ではないですが、ある教団が教団独自の考えに基づいて、「みんなにはわからないだろうが、この人は死んでいるんじゃなくて生きてる」とかいったらどうしたらいいでしょう？　これは「科学信仰」の弱点をつきます。「そんなバカな話があるか!?」とかいっても、向こうはもともと「科学」とか超えている世界なんですから、通用しません。そして実は私たちや現代の科学も、人間の死という大問題に依然答えられてはいないのです。だからいい張られたら弱い。だいたい「死とは一体何であるのか」という問題に、私たちは答えのかけらさえもっていない。科学や医学にさえ「統一された見解」（L52）はない。実はそういう「何とも心許ない」現実を抱えているのが、現代人なのです。

テーマ 随筆（エッセイ）

随筆（**エッセイ**）というのは、筆者個人が「私」など一人称で、自分の体験や思い、考えを書いたものです。そうした随筆にも、〈対比〉や〈イイカエ〉などの構造があります。だから、評論と同じように読むことが基本です。ただ違う点はつぎのようなことです。意識して読み、設問を解いてください。

1 評論のような論理ではなく、筆者の連想によっていくつかのエピソードが続く場合が多い→どのような共通点でつながっているかを考える

2 文章全体で一つのテーマだけを語っていることが多い→傍線部を傍線部とその前後の文脈だけで読まず、全体のテーマと傍線部とをリンクさせて設問を解く

3 比喩的な表現などが多く、設問でもそれを問われる→比喩がなにをたとえているかを傍線部前後の文脈と全体の内容から判断する

ひとこと要約

現代は科学を信仰する時代だが、科学だけでは人間の生死に関わる本質的な問題に答えられない。

200字要約

満点30点

[a]近代は宗教の権威が凋落したことにより、[b]人々は自らの存在に対する不安を埋めるために科学を信仰の対象とした。[c]現代ではその傾向が強まっており、[d]我々は何に対しても科学的な証明を求める。[e]しかし現代に見られる似非科学に対しては科学的事実を示すことによって対抗することができても、[f]死とは一体何であるかという、根本的な問題に対しては科学的な合意すら得られてはいないし、そもそもそれは科学では答えられない問題である。（199字）

＊**b**は、「自らの存在に対する不安を埋めるために」に該当する、科学信仰の理由が示されていないものは2点減。

＊**a**と**b**とのつながり（因果関係）がはっきりしないものは2点減。

a・b・c・d…5点／e…4点／f…6点

設問LECTURE

問一 傍線部の理由説明問題

この文章のメインの設問といっていいでしょう。「百五十年前のヨーロッパの分析」とは、近代において「心霊学」が誕生したことを「分析」したものです。そし

て傍線部**1**の「今日的」というのは、〈現代的だ〉ということです。つまり傍線部は「〈近代〉は現代的だ」といっていて、「筆者がそう考えるのはなぜか」と問うているのがこの設問です。だから〈近代〉と「現代」がこうこうこういう点で似ているから、と説明すればそれが答えです。これがメインの設問だといった意味がわかりましたか？　この問題文は〈近代〉と「現代」の共通点を論じたものでしたね。そのポイントを押さえるのがこの設問だからです。

そして〈近代〉と「現代」の似たところは？　ズバリ「科学信仰」。これが入ってないとメインの要素のない答えになります。逆にいえばこの要素が入っているのはどれだ？　と選択肢を見ればいいのです。

すると**ウが正解**だとわかりますね。「科学への盲信」という語句が「科学信仰」と一致します。**ア**の「唯物論的イデオロギー」も「科学信仰」に近いですが、「ニーチェに先だって神の実在を否定した」という部分が問題文にナシ。**イ**や**エ**の「物理」も科学的ですが、両方とも後半がやはり問題文にナシ。**オ**は「カルト教団」にのみ限定して説明していて、「現代」のありかたをきちんと説明していないです。それに現代の「カルト教団」が「科学的な技術」を「心霊学」から「継承（＝受けつぐこと）」したなんてことも問題文には書かれていません。

解答 **ウ**

問二　空欄補充問題

空欄**A**にどんな答えが入っても、**A**を含む文は前の文と接続語ナシにつながるということが見えましたか？　**接続語ナシにつながる文同士はイイカエ・説明の関係になることが多い**のです。すると、**A**を含む文は、前の文の内容＝〈霊魂と肉（物質）は対立する〉ということとイコールになると考えられます。そして、

・「**A**である」こと
＝
・「霊魂の概念」からの逸脱

です。この図と**A**の前の文の内容を結びつければ、**A**には「霊魂」と「対立」（≒「逸脱」）する「肉（物質）」に関連する内容が入ればいいとわかるでしょう。***L*6**に「触知可能な証拠」という表現があり、***L*35**にも「物質との接触可能性」という表現があります。「物質」なら触るこ

とができる＝「触知可能」です。だから**ウ「触知可能」が正解**。空欄部は、〈触れられたらもう霊魂じゃないでしょ〉という意味になります。

アは「物質」と直接結びつきません。**オ** チョイマヨ も宗教がガッツリ信じられていたときの「霊魂」のことだとも読めるので、「物質」の性格とはいえない。**イ**の「科学」も「物質」自体の性格ではない。**エ** チョイマヨ の「唯物論的イデオロギー」が物質を重視した近代の考え方なので、迷った人もいるかも。でも「イデオロギー」は考え方や価値観ですから、「物質」とは直接結びつきません。

ムズ **解答 ウ**

問三 表現の意図を説明する問題

エッセイらしい設問ですが、むずかしいです。まず傍線部**2**の「彼」って誰でしょう？　傍線部の「それ」は「証言」、あるいは「幽霊」や「妖怪」を見たということを指していると考えられます。傍線部の前に「彼」という代名詞で受けられる人間は登場しないですが、この「証言」をしている人を指していると考えるしかないでしょう。そして傍線部はある〈条件・ただし書き〉を述べた部分で、倒置表現だと考えられます。ほんとは「少なくとも、彼の人生に重要な意味を持つ限りに於いては、私はまだしも、この目で、幽霊なり妖怪なりを見たという証言の方が、ずっと真実であると思う」という語順です。「彼」が条件つきで支持されていることが、傍線部直前で「この目で見た」といっている人が肯定されていることと一致します。つまり「心霊写真」を信じる人は、「霊」と「物」とをつなげるという「奇妙」なことをしているのですが、それに比べれば、なんの物的証拠もないけれど、「おれはこの目で見た」という証明不可能な個人的体験を語る人のほうがまだ信じられる、なぜなら少なくともその人は、「物」が「霊」の存在を証明してくれるということはいっていないからです。ただしそれを受け入れる条件が傍線部で、その、幽霊を見たという「証言」や「幽霊」を見たことが「彼の人生に重要な意味を持つ」ならば、「真実である」と認めてもいいよといっているのです。ただのホラ吹きや目だちたがりだったら×だ、ということです。筆者自身が「霊」を信じているかどうかわかりません。でも「霊」という考え方が「科学」や「物」と無縁であると考えていることは**問二**の空欄**A**の部分でもわかります。だから他人事なのですが、筆者は、〈もし霊とかを見た経験がほんとに君（＝彼）の人生にとって重要だっていうなら認めるよ〉といっているのです。なのでそれに一番近い選択肢は**エ**です。「主観的な経験」は〈その人だけの、個人的な、客観的に証明できない経験〉という意味です。だから、今述べたことと一致します。

アの「特殊な能力」はぶっとんでる選択肢で大×です。**イ**は「彼」を否定してしまうことになるので×です。筆者が、「彼」にすごく共感しているわけではないですが、傍線部を見る限り、「否定」したり「皮肉」をいっているのではないです。**ウ** チョイマヨ は「幽霊や妖怪の実在は信じない」という部分が断定できない内容なので、正解にできません。それに「不寛容（＝心がせまい）」という説明の仕方も傍線部とズレています。**オ** チョイマヨ について。「彼」はただ「幽霊を見た」と「証言」している人です。「心霊写真」を「否定していることを強調するため」に傍線部のようなことをいうというのは、「彼」と関係のないことを説明していておかしいです。たしかに筆者は「写真に霊が写る」ということを否定するでしょうが、それは「写真に霊が写る」ことが「非科学」的だから「否定」するのではありません。そこに「科学」に対する過剰な信頼があるから批判しているのです。その点でも**オ**はダメです。この設問は明確な根拠がないので、消去法で解きましょう。

ムズ　解答　**エ**

問四　傍線部3の内容説明問題（記述）

傍線部3の「この不思議な現象」とは、「カルト教団」に入る人たちが「科学的に証明されるが故に、俄かには信じ難い怪しげな話も事実として受け止め」ることを指しています。「心霊写真を巡る」「心理構造」で、「この不思議な現象」と「一致する」といわれているのは、どのような「心理構造」でしょう？　当然今述べた「科学的に証明されるが故に、俄かには信じ難い怪しげな話も事実として受け止め」るということとつながる「心理」ですから、「心霊写真」の場合でいえば、「科学的」な証拠があるから「霊」を信じるというような「心理」ということになります。そうした「心理構造」を、「この不思議な現象」にも「心霊写真」にも合うように説明するのですが、**L33**に「霊的な存在を科学的に証明したいという近代的な欲求」という表現があります。この「欲求」は

「心理」ですから、この表現を土台にして解答を作るといいでしょう。ただし傍線部は現代の状況を踏まえた部分なので、「近代的」は必要ありません。解答例は「**霊的な存在が物的な証拠によって科学的に証明されることを求める**」(30字)。

私立大学の記述問題で、自分のことばで説明するという問題はほとんどありません。問題文の中の表現や語句をうまく編集してあげればよいのです。気楽に、抜き出し問題の延長だと考えましょう。

解答 **霊的な存在が物的な証拠によって科学的に証明されることを求める**(30字)

採点のポイント

* 「霊」と「科学的な(物質的な)」「証明(証拠)」との関連が示されていることが必須。それが書かれていればOK。
* 解答欄の「心理構造」につながる連体形のかたちになっていないものは不可。
* 「。」をつけたものは1点減点。

問五 空欄補充問題

空欄**B**のあとに「死んでいる或《あ》る人間の死を否定する」とあるので、空欄には**人間の生や死に関係する語句が入る(a)**と考えられます。そして「観」という**〈見方・考え方〉という語に続くこと(b)**、設問に「**反対の意味を持つ二字の漢字」が答えだと示されていること(c)**、をヒントに考えていくと、この三つの条件を満たす語句としては「**死生**」が適切です。「死生観」は字のとおり〈死や生に対する考え方〉という意味です。

解答 **死生**

問六 内容合致問題

随筆でも内容合致問題では、まずは大まかに選択肢の悪いところを見つける消去法で見ていきましょう。**ほかと比べて、マシだったら、正解にするっていう柔軟性を身につけてください**ね。これは内容合致問題だけじゃなく、すべての選択肢問題について必要なことです。

ア…「エリアーデ」は「心霊学」の起源について述べただけで、「その(=心霊学の)思想の正当性を主張した」りしてませんから問題文にナシ。ワースト2です。

イ…「ニーチェ」は「科学をこそ信仰の対象にすべきであるという考え」をもっていたなどとは問題文に書かれていないので、これもワースト2のグループ。

ウ…「現代人は霊的な存在を科学によって」、「表層的（＝表面的）」にさえも否定してません。逆に***L*** **33**にあるように、「霊的な存在を科学的に証明したい」のです。これはさっき**問四**の記述問題でも確認しました。問題文と相反するのでワースト1の選択肢です。

エ…「霊魂」が「物理的な形で一時的（にせよ）現れる」という考え方を「正しい」といってしまうことは、「心霊写真」に写るから「霊魂」があるというのと同じです。筆者は「心霊写真」を傍線部**2**のあとなどで否定していました。そのこととバッティングするので、この選択肢もワースト1のグループです。

オ…***L*** **45**と合致します。カルト教団が「形而上学的事実に基づ」いてなんらかの主張をする場合はむずかしいですが、「カルト教団」が「奇妙」でも「科学主義」を提唱するときは、「科学的事実に於《お》いて、真実は常に一つである」と「医学的に説明」することは「可能」です。なので**オが正解**です。

解答 **オ**

問七 **題名付け問題**

問一で確認したように、この文章のポイントは近現代の「科学信仰」という点にあります。また最後では科学が「死」という重大な問題に答えを出せていないことを指摘していました。なので**ウ**が問題文全体をおおっていて題名として適切です。**題名というのは問題文全体をおおっているものがいいのです。一部分にマッチするだけではいけません。** **ア**・**イ**は部分的なテーマを取りあげているだけだし、**ア**「末路」、**イ**「構造心理学」は、問題文に合致しないので余計です。**エ**の「神の死」は近代を述べた前半にだけ当てはまり、**エ**では最後の二段落を含むことができません。**オ**のような「方法」も問題文では述べられていません。

解答 **ウ**

11 随筆

「流れと切れ目」

学習院大学

別冊(問題) p.92

解答

(一)	1 輪郭(廓)　2 厳密　3 冷凍　4 襲　5 継承	2点×5
(二)	ア 3　イ 7　ウ 5　エ 4　オ 1	2点×5
(三)	X 老　Y 食	2点×2
(四)	制度や習わし	3点
(五)	2	4点
(六)	Ⅰ 科学	3点
	Ⅱ 生と死の境界	3点
	Ⅲ 本来は切れ目のない時間を区切って始まりと終わりをしっかり定めようとする生き方	3点

ムズ (一)4、(三)X、(五)

合格点 32点

/40点

問題文LECTURE

語句ごくごっくん

L4 老成…①大人びること　②経験を積んで、技術などが巧みになること

L5 消長…衰えることと盛んになること

L9 還暦・古稀《こき》・喜寿・米寿…それぞれ、数え年で六十一歳・七十歳・七十七歳・八十八歳のこと

L10 而立《じりつ》・不惑・耳順《じじゅん》…それぞれ、三十歳・四十歳・六十歳のこと

L10 規範…①手本　②きまり

L35 截然《せつぜん》…はっきりした区別のあるさま

読解のポイント

Ⅰ　人は人生にさまざまな「区切り」を設けて生きる

↓

Ⅱ　明確な「区切り」だったはずの生と死の境界が曖昧になってきた

問題文は、L35の「ただ一つ」で内容的に二つに分かれます。ですから問題文を二つに分けて見ていきましょう。

Ⅰ「区切り」の意味（冒頭～L34）

人間は、人生や自然の移り変わり、あるいは一日の時間に「区切り」を設けて、日々を過ごしてきました。それらはたいてい、「制度や習わし」（L14）という、「向こう（＝個人の外）」からやってくるものです。そしてそれらは、外からやってくるからどうでもいい、というほど軽いものでもありません。「入学」だといえば気持ちが新たになりエネルギーが出るし、「定年」だといわれれば、気持ちがしぼんでしまうかもしれません。筆者が「生命活動の消長を分けている」（L5）というのは、そういうことです。

「還暦」とか「而立」とか、年齢の節目の表現がありますが、それらは今「年齢の輪郭（＝年齢にふさわしい形）」が変わってしまったために、現代人にそのまま「規範」として適用できません。でもそれらは、年齢の節目で自分を振り返り、区分を迎えるそれぞれの人間になんらかの「心構えを切り替えるきっかけ」を与えるものです。だから筆者はL2で、「軽いものではない」といっているのでしょう。

こうした、本来は切れ目のない時間の流れを区切って始まりと終わりを定めようとする生き方は正当ではあるのですが、区切りそのものは人間の作ったものであるため、曖昧さをもちます。

Ⅱ「区切り」の曖昧化（L35～ラスト）

ただ人間の生と死の境界だけははっきりとした区別だと筆者は思ってきました。でも現代では、科学の発達によって、その「生と死の境界」さえあやふやになってきました。もちろん「個体の死と種の継承」＝〈個人の死と人類が存続すること〉とは分けて考えるべきで、科学が「種の継承」を研究することが、個人の「区切り」を曖昧にする、と批判するつもりはないけれど、人間の作ってきた「区切り」が曖昧になってきたことに、筆者は「不安」を覚えます。

でももしかしたら、こうした事態は、本来連続する時間の流れに、勝手に人間が「前とは別の領域（＝人間が設定した区分けされた世界）」を作ろうとした「便宜的（＝勝手な）発想」に、何の根拠もないという「弱み」があることにつけこんで、「時間」そのものが、〈オレは人間の思い通りにはならないよ〉と示した「復讐」なのかもしれない、と筆者は思います。

ラスト3行は少しむずかしいですが、「人類の存続そのものにも青春や老境の区切り」が「刻まれている」というのは、〈人類の歴史自体に、エネルギーに満ちていた時期（＝青春）や、たとえば現代のように終末を感じさせる時代（＝老境）などの大きな区切りがある〉ということでしょう。でも「我々にはそれが見えていない」。そんな宇宙的な、人類史的な見方はできないということです。もし見えないとしたならば、人類の歴史の隅っこで、それでもなんらかの区切りがないと生きていけない人間は、青春や老境など、自分なりの区切りをつけて生きていくしかない。それがちょっと暗いけど、最後の部分で筆者がいっていることです。

テーマ　制度

〈**制度**〉というと、すぐ〈きまり・規則〉と考えてしまいますが、〈根拠なくみなが従っているため、自然なことだと思える社会の約束事〉という意味を表すことがあります。たとえば〈学校制度〉、〈貨幣制度〉、〈家族制度〉。なんで6歳になったら学校に行かないといけないの？「君何年生？」とか子供をなんで学校と結びつけて見ちゃうんだろう？ なんで材料費3円ぐらいとちゃうか？という紙切れが、一万円という価値をもってモノと交換できるのか、なんで家族というまとまりを維持していかないといけないのか？ ママやパパに聞いたら、「とにかくそういうことになってんだよ！」としか、答えてくれないかもしれません（だいたいそんな会話、もうないかも）。それはそうした〈**制度**〉が当然なものになっているからです。でもそこに根拠はありません。そういうことにしたほうが世の中にとって都合がよいというだけです。でもその都合のよいことが、いつか壊れることもあることは考えておかないといけません。たとえばハイパーインフレーションと呼ばれる時代が日本にもありました。1945年敗戦のあと、お金の価値が下がり、いくらお金を出してもイモ一つ買えない。お金に意味がなくなりました。それは〈貨幣制度〉に根拠がないからです。〈**制度**〉は安心できるものではないことも考えておきましょう。

ひとこと要約

人生の区切りは生きていくのに不可欠だ。

200字要約

満点30点

[a]人間は人生に、制度や習わしによるさまざまな区切りを作ってきた。それらは曖昧だが、[b]そうした区切りがあったほうがよりよく生きられるのである。だが、[c]最近そうした区切りも意味をもたなくなってきたかのようである。それは、[d]科学技術の進歩により[e]人生の区切りを支える生死の境界さえもがあやふやになってしまったからである。とはいえ我々は、[f]ささやかな各自の区切りを抱えながら、懸命に生きていくしか他に道はないのである。(200字)

＊aは、「制度（あるいは習わし）による」がない場合は、2点減。
＊bは、「時間を区切る生き方は正当だ」なども可。
＊cは、「区切りは曖昧だ」なども可。
＊fは、前半3点、後半3点。
a・b・c・e…5点／d…4点／f…6点

設問LECTURE

(一) 漢字問題

1「輪郭（輪廓）」は〈ものの形を形づくっている外側の線〉のことですが、もっと抽象的に〈ものごとの概要・性質〉という意味で使うことが多いことばです。

解答 **1 輪郭(廓)**　**2 厳密**　**3 冷凍**　ムズ **4 襲**　**5 継承**

(二) 空欄補充問題

アは直前の「長くても」がヒント。「長くても」「百年前後」といっているので、「百年前後」という時間を〈たいしたことはない〉と突き放すようなニュアンスを表せる語句がいいですね。すると**3の「せいぜい」**が最適。「せいぜい千円ぐらいだ」というふうに、「せいぜい」は、

11

〈たかだか〜だ〉という否定的な意味を表せます。

イは後ろの「集中」と対応する〈そのことばかりに〉という意味をもつ**7「もっぱら」**を入れて、〈深夜にばかり集中した〉という文脈を作るのが適切。

ウは後ろの「怪しくなりつつある気配を感じる」という、感覚的な推測とつながる**5「どうやら」**が適切。「どうやら〜らしい」といういいかたをよくします。

エは〈本来時間の流れは「連続する流れ」なのだ〉という文脈ができれば、後ろの、〈なのにそれを「勝手に断ち切って」〉という部分につながります。なので〈元来〉という意味のある**4「そもそも」**が適切。

オは直後の「ひと思い」といっしょに使うことが多い**1「いっそ」**が適切。

解答 ア 3　イ 7　ウ 5　エ 4　オ 1

(三) 空欄補充問題（知識問題）

Xは若いのに「老成」を装うというふうになればいいでしょう。**Y**は「い違い」につながるのは「食」しかないでしょ、というやさし〜い問題。

解答 ムズ **X** 老　**Y** 食

(四) 抜き出し問題

「区切り」は人間の「向うからやってくる」のです。つまり「向う」とは人間の外部だと考えられます。

その点を踏まえて問題文を見ると、「制度によって押しつけられるそれらの節目は……外からの明確な区切りを刻印する」（*L*7）という表現に注目できます。つまり「制度」は「節目」として「外から」人間にやってくる。でも残念ながら「制度」だけでは二字で、字数条件に合いません。

でもへこたれず、同じようなことが書いてある箇所がないかなと、「制度」や「外」という語を頭に置きながら問題文全体を見渡してみてください。すると*L*14に、「制度や習わしによる区分が外側からの強制である」という部分が見つかります。この「区分」は「制度や習わし」という「外側」からやってきたものですね。ここから「**制度や習わし**」という語句を抜き出せばよいのです。

解答 制度や習わし

(五) 傍線部の内容説明問題

まず傍線部**B**の「それ（＝区分）を迎える側」とは人

間のことだということを確認しましょう。つまり傍線部は、〈人間が人生の「区分」を受けとめ、それによって「心構えを切り替える」〉ということをいっているのです。それは傍線部直前の「年齢の一定の節目で足を止め、我が身を振り返ろうとする」のと同じことでしょう。たとえば三十歳になったら、自分の人生を振り返ってそろそろ結婚しようかな、とか考えるという感じです。それは選択肢でいえば**2**の内容です。「消長」は〈衰えることと盛んになること〉の両方をいうので、「我が身を振り返」って、衰えたなと思ってもまだまだ元気だと思っても、のどちらも含むことができます。またこの「消長」という語は***L*** **5**にあり、「区切り」=「生命活動の消長」の分け目、ということが示されています。このことからも、区切りの時点で自分の「生命活動の消長を自覚」するといっていいでしょう。「切り替える」という傍線部の表現には自分で区切りを意識するというニュアンスがありますから、それを「自覚」するとイイカエても問題ないです。

4 チョイマヨ は「自分の生命の限界を自覚して」というふうに、「振り返」ったときに「限界」というマイナスの方向にのみ限定されている点が×です。逆に〈まだまだやれる〉と思うかもしれません。問題文からはどちらとも断定できないことを断定してしまってはいけません。**1**は逆に「盛んにする」方向だけになっているし、「一層盛んにする」という表現は、今までのことを踏まえさらにバージョンアップするというイメージですから、「切り替える」という傍線部の表現とミスマッチです。**3**は「人生の区分を見直す」というのが×。見直す対象は自分の「心」であり、「人生の区分」を検証するのではありません。**5**は「年齢の節目に囚われないようにする」というのが×。「区切り」は「迎え」受け入れるのですし、最終段落にもあるように、筆者は人生の「区切りを抱えて……生きていく」しかないといってます。

ムズ 解答 **2**

㈥ 論旨を前提にした抜き出し問題

抜き出し問題というと、どこに答えがあるかなと、すぐ傍線部から目を離してしまいます。でも、まずは傍線部の意味を考えなければなりません。傍線部**C**を二つに分けて考えるとわかりやすいでしょう。「便宜的発想」と「弱み」の二つです。「便宜的発想」というのは、傍線部直前にある **「連続する流れ（=時間）を勝手に断ち切っ**

て前とは別の領域（＝区切り）を設けようとする」ことだと考えられます（a）。「勝手」という表現が「便宜的」と対応しているからです。

　ではこうして人間が「勝手」に「区切り」を作ったことに関して、「弱み」といわれているのはどういうことでしょう？　「弱み」とは〈弱点。マイナス部分〉ということです。筆者は「区切り」が「あってもなくてもよい、と考えて過せるほど軽いものではない」（L2）といい、人間に必要なものだといっています。でもその人間にとって必要な「区切り」は実は曖昧さを含んでいて、さらに、科学が進歩した現代では不安定なものになってきました。心臓が止まった時点を死とする「心臓死」のほかに、「脳死」という基準が示されることは、人間の生と死の「区切り」さえ曖昧にしてしまいます。そしてそうしたことは決して科学に関することばかりとはいえず、筆者が家族と日付の感覚が合わないという日常の体験からもいえることです。つまり「区切り」は人間が考えるほど、確かなものではないのです。それこそ「勝手」に作ってしまったものなのです。つまり必要だから作ったのですが、そこには絶対的な根拠はありませんでした。だから〈弱い〉。すると「弱み」とは、**「区切り」自体が明確な根拠をもつものではなく、不安定であること**（b）だといえます。

　なので傍線部は**〈人間がもともと連続している時間を勝手に区切って生きようとしたことが、根拠のないことだから弱いということ〉**を意味しています。

　そしてそうした「弱み」が最近になって目立つようになったと筆者が考える理由が問われているのですが、Ⅰのあとには「の進歩」という語句が続きます。すると傍線部の前に書かれている「脳死」や「クローン人間の可能性」とかを生み出した「科学」の「進歩」が筆者の心を揺り動かしていますから、Ⅰは「科学」で決まり。

　Ⅱは、「さえも」ということばがついています。ということは、〈ふつうは「曖昧」にならないもの〉だということになります。〈あいつさえもが敵になった〉とかいいますよね。なおかつ「科学の進歩」で「曖昧」になったもの、というのが二つ目の条件。この条件で探していくと、やっぱり傍線部の前にある「生と死の境界までがあやふや」が「Ⅱさえもが曖昧な状態になり」と一致しています。「さえもが」と「までが」、「曖昧」と「あやふや」が対応してますね。なので**Ⅱ**は「**生と死の境界**」。

Ⅲはちと長いですが、現代の状況の中で、「機能しなくなってきた」ものはなんですか？　それは曖昧になってきた**a**の内容と関連があるはずですね。そうした内容を字数条件を意識しながら問題文に探すと、*L* **32**に「**本来は切れ目のない時間を区切って始まりと終わりをしっかり定めようとする生き方**」(37字)があります。これは傍線部の「便宜的発想」＝〈**a　人間がもともと連続している時間を勝手に区切って生きようとしたこと**〉ですね。この「生き方」は、「正当」だという言葉につながっています。設問文の「正しいものであり」と一致します。なのでここが正解です。つまりこうした生き方さえうまく機能しなくなったので、人間が「弱み」を抱えるようになったのです。

解答　**Ⅰ**　**科学**（2字）　**Ⅱ**　**生と死の境界**（6字）
Ⅲ　**本来は切れ目のない時間を区切って始まりと終わりをしっかり定めようとする生き方**（37字）

11

12

随筆

「『幽霊』のこと──見えないものとの闘い」

青山学院大学

別冊（問題）p.98

解答

問一	問二	問三	問四	問五	問六	問七	問八
④ 3点	範 3点	③ 3点	① 6点	⑤ 6点	B ② C ③ 3点×2	① 7点	③ 6点

ムズ 問一、問三、問八

大ムズ 問二

合格点 29点

／40点

問題文LECTURE

語句ごくごっくん

L6 軌跡…ある人の行いや考え方の跡

L8 自然主義リアリズム…この場合は、文学で、醜いもの・悪などを避けず、現実をただあるがままに写しとろうとする立場。「リアリズム」は写実主義と訳す

L10 戯曲…劇文学

L11 倫理…人の生きるべきありかた。≒道徳

L21 憂き目…つらいこと

L24 風紀…日常の社会生活の秩序を保つ上で必要な規律

L26 史実…歴史的な事実

L26 貞節…女性が男女間の関係において清く正しくあること

L26 主題…テーマ

L30 憂れうる…心配すること

L33 コミュニティー…→p.48 語句「コミュニティ」参照

読解のポイント

○イプセンは、既成の社会の価値観＝「幽霊」そのものと闘った作家である

⇔

●価値観の揺れ動く現代にも、過去の価値観を復活させようとする傾向が見られる

←

〈筆者の主張〉現代にもイプセンのような、既存の価値観と闘う芸術家が必要かもしれない

問題文はイプセンについて語ったあと、第5段落冒頭で「この戯曲『幽霊』は」と前までの段落の内容を受けながら、明治の日本の話に転換していきます。そしてそれ以降、日本社会の問題に焦点を絞っていきます。なので第4段落と第5段落との間に意味のブロックの切れ目があると考えられます。その区分けに従って問題文を見ていきましょう。

Ⅰ「幽霊」の正体（冒頭～L20）

テーマ 近代芸術

最初に〈**近代芸術**〉の話をします。近代は理性が尊ばれる時代です。でも人間は理性だけでは生きていません。心の中にはドロドロした、人には見せられない部分もあります。それを理性に反しているという意味で〈非合理〉と呼ぶなら、〈非合理〉は理性でフタをされたままでは、どこかで爆発してしまいます。そうした〈非合理〉の部分を大切にし表現する人が芸術家です。理性vs〈非合理〉というバトルです。そういう人を理性で押さえ込むこともできます。でも近代社会は、芸術家の作品を見たり聞いたりしてふつうの人々の中にある〈非合理〉が発散されるなら、そのほうが社会にとって安全だと考えました。つまり芸術は、みんなの気持ちをスッキリさせる役割をするのです。芸術家は社会に反抗しますが、それがほんとうに過激になったりしないかぎり、近代社会は〈理性的に〉芸術を扱うことにしたのです。問題文とは違う考え方ですが、芸術の反抗も、近代社会の秩序維持に役立っていたといえるのです。

それはさておき、芸術家は「その時代の社会道徳やものの考え方と激しく衝突」（L2）します。そうした作品ほど、あとあと評価されることが多い。

ノルウェーのイプセンという劇作家がいます。女性の

12

自立を描いた『人形の家』が有名です。イプセンは現実をありのままに描く「近代自然主義リアリズム」を確立したといわれますが、主人公のいうセリフには、「既成道徳」＝お決まりの道徳、を告発する内容が見られます。

その一つとして『幽霊』という作品の中では、主人公アルヴィング夫人がイプセンの考え方を述べるような形で、既成の価値観などを「幽霊」にたとえ、自分たちには「幽霊」がとりついていると訴えます。そして「自由」がほしいと。それはイプセンの生きた時代においては、社会やキリスト教に対する痛烈な反抗だったのです。

Ⅱ　イプセンの必要性（*L* 21～ラスト）

だから『幽霊』は発表されたときには、上演禁止になりました。イプセンが「既成の社会制度を支える価値観＝『幽霊』」と闘っていた頃、日本は明治維新の初期でした。そして一八七二（明治五）年に、日本政府は舞台芸術全般の思想的風紀的弾圧に根拠を与えるような通達を出しています。卑猥《ひわい》なもの、残酷なものは×。俳優、芸人を教部省（＝宗教関係を所轄する官庁）で監督する、忠孝（＝家臣の忠義・親孝行）とかを主題にすべき、とかです。イプセンの『幽霊』は、こうした通達に見られるような考え方に、演劇で反撃した作品だといえるでしょう。

もちろん今の日本には、こうした通達はないし、政府が個人の精神生活を統制し、支配するような露骨な政策はありません。でも、「国を憂れうる」とかいう政治家が、たとえば「家族を大事にしろ」とかいったり、保守的な方向に「教育基本法」が見直されたりしているところを見ると、意外と「明治五年」の通達と違ってないのかもしれません。たしかに現代の日本社会は、時代の転換期です。そういうときにわけのわからない「行動」や「犯罪」が出現することはあるでしょう。おそらく右の政治家の発言は、そういうことをきっかけとして出てくるんだと思います。でも新しい価値観を作ることができず、古い、既成の価値観にしがみつくのは、「幽霊」を招き寄せることです。右の政治家たちは「幽霊」の出現を期待する人たちです。とするなら、「イプセン」のような芸術家が現れて、既成の価値観の打破＝「幽霊」退治、をしてくれないといけないのかもしれない、そんな時代になってきていると筆者は考えているのです。

ひとこと要約

現代は既成の価値観を打破する芸術家が必要な時代になりつつある。

200字要約　満点30点

書かれた時点では認められないが、後世に強い影響力を与え続ける作品は、その時代の考え方と対立するものが多い。イプセンの戯曲「幽霊」も、既成の社会の価値観である「幽霊」そのものと闘う作品であった。現代はイプセンの生きた時代や明治時代とは違い、個人を統制するような露骨な政策がとられているわけではないが、現代にも既成の価値観の復活を求める動きがある。こうした時代には第二のイプセンが必要なのかもしれない。（199字）

＊bは「イプセンはその時代のものの考え方（社会道徳）と衝突した作家だ」もOK。「幽霊」というたとえの中味を説明していないものは不可。

＊cは、単に「現代は昔と違う」は2点。

＊fは空欄Dの部分に該当する内容ならば可。

a・e…5点・b・f…6点・c・d…4点

設問LECTURE

問一 **指示語問題**

傍線部**1**の「その」には直接指しているものがありません。ただ傍線部の「その時点」が、あとの「後世」と対比され、なおかつ、傍線部を含む文の中の「その時代」と同じ「時」だということはわかりますね。「その時代」とは、その時代の社会道徳とかと「激しく衝突」する作品が書かれた「時代」ということです。これは「その時代」のあとで述べられていることからわかります。すると「その時点」も〈その作品が書かれたその時点〉という意味になります。ここまではいいですか。じゃあ、あとはことばの知識の問題ですが、④「当代」は〈なにかがあった、誰かが存在したその時代、その世〉という意味のことばなので、**④が正解**。⑤の「歴代」は〈代々〉という意味。「歴代の総理大臣」とかいいますね。

ムズ 解答 ④

問二 **空欄補充問題（知識問題）**

「手本」という意味になる「漢字一字」！　むずかしいね。でもみんなの中で「手本」＝「規範」と覚えていた人、ナイスです。「規範」の「範」は、「模範」の「範」、〈範を示す〉＝お手本を示す、というふうにも使います。つまり「範」だけでも「手本」という意味があります。なので**正解は「範」**。でもやはりこの設問はキツイ。

大ムズ　解答　**範**

問三　表現の問題

またこれもレアな設問ですが、傍線部**2**は、直前の「描かれる人間」を〈それはたいてい主人公だけどね〉と説明している部分です。つまり補足的に説明するためにある部分です。「〜が」の「が」が逆接ではなく、ただ単純に後ろにつなげるために使われるときがあります。電話で「もしもし梅澤ですが、〜」の「が」が逆接だったら、「梅澤ではありません、ブチ」ってなっちゃいます。この「が」は逆接じゃなくて、ただ後ろへつなぐ「が」。傍線部の最後の「が」も同じ。するとこの部分は、補足説明をして、そのあとの「主人公」の話へとつないでいく軽い部分です。軽い説明として文中に挟み込まれた部分を③「挿入句」といいますから、**③が正解**。④「常套句《じょうとうく》」というのは、〈いつも使う決まり文句〉のこと。

ムズ　解答　**③**

問四　傍線部の内容説明問題

「傍線部……はどういうことか」という問題は、傍線部のイイカエを求めている問題です。傍線部と離れたところでも、傍線部やその付近にある語句が使われている部分は傍線部のイイカエとなることが多いので、そうしたつながりを見つけ、傍線部と結びつけて考える、そんなパターンはもう身につきましたか?

そして**「どういうことか」という問題では、傍線部を忠実に直訳しているものを選ぶ**のでしたね。この設問も、「幽霊」という語同士のつながりで、傍線部**3**を*L* **22**の「既成の社会制度を支える価値観＝『幽霊』」という表現とつなげると、**正解は①**だとすぐわかるでしょう。だから「幽霊」を問題文に即してイイカエ（＝訳し）ていないほかの選択肢は、どれもダメです。ほかの選択肢のダメな理由はこれだけでいいのです。前にも書いたように、自分でまずこうしたイイカエを見つけて、それから選択肢を見ること。そうしないと、どれがイイカエとして適切な選択肢かもわからず、選択肢に振り回されてしまうから要注意です。

解答 ①

問五 傍線部の理由説明問題

傍線部**4**の主語は傍線部直前の「戯曲『幽霊』」であることをまず確認しましょう。すると問題は、「なぜ『幽霊』という作品が上演禁止にされたのか」ということになりますね。だとしたら作品『幽霊』のもつ性格が、「禁止」になるようなものだったから、というのが理由でしょう。つまり『幽霊』がどんな作品かを考えればよいのです。*L* **11**にあるように、イプセンは「主人公の口や行動を借りて……既成道徳や宗教の倫理、当時の社会の不正や偽善を告発しようとした」のです。ですから作品自体がそうした社会告発の性格をもつ。これは社会を無難に維持していこうという支配者・政治家・権力者（こういう人々を体制側の存在といいます）にとってはジャマでしょう。たとえば『幽霊』の主人公「アルヴィング夫人」は「わたくしは自由が欲しいのです」と訴えます。これは女性の「貞節」（*L* **26**）を「芸術」の「主題」として要求する「日本政府」と対立します。日本でも上演禁止になったとは問題文に書かれてませんが、こうした理由で「世界中で上演禁止」になったんだろうと考えられます。すると正解は、『幽霊』が体制側にとって「危険な思想」を説くものと見なされたから、という内容の⑤です。

①は現代のことで、「上演禁止」になった時代のことではありませんし、傍線部の理由としても成り立ちません。②の「冷水を浴びせ」るというのは〈活力を失わせるような言動をすること〉ですから、まったく逆のことになります。③の「世界の風潮に倣おう（＝真似《まね》をすること）とした」というのも、主語が「日本」という特定の国になり、傍線部とズレますし、問題文に書かれていることでもないです。④は「アルヴィング夫人」のことばであり、体制側が「上演禁止」にする理由にはなりません。

解答 ⑤

問六 空欄補充問題（接続語）

Bは直前で、現代日本は個人を支配するような政策はとっていない、と述べています。ですが**B**の直後では、現代の政治家の発言は芸術を抑えこむような「明治五年」の「通達」と違わない、と述べています。つまり直前は〈現代は昔と違う〉、直後は〈現代が昔と同じだ〉といっているのです。逆ですね。だから**B**には〈逆接〉の接続語が入ればOK。それは**②「しかし」**です。

Cは**C**を含む段落の冒頭に「もちろん」とかを入れて考えるとわかりやすいかも。〈もちろん時代の転換期には、ヘンなこともあるよ。でも昔の価値観に基づいた生き方を目指すのが賢くて理屈に合うとは思えないね〉というふうに、**C**は〈現代にはヘンなことがある〉という内容と、〈昔に帰ればいいってもんじゃない〉という内容をつなぐところです。すると今述べたように〈でも〉という、逆接のニュアンスがある接続語が適切です。それは**③の「だからといって」**。〈そりゃ腹が立つだろう。だからといって殴っていいはずはないだろ〉というように使います。この「だからといって」は〈だが・しかし〉と入れ替えてもOKな逆接的な働きをしています。

解答 **B** ② **C** ③

問七 **傍線部の内容説明問題**

問四で確認したように、「幽霊」とは〈既成の価値観〉のことです。現代は「時代の転換期」で、「理解不能な若者たちの行動や、未《いま》だ経験したことのない犯罪」(L**37**)などが出現します。そんなとき、誰もが不安を覚えます。そして一部の人々は、〈昔はこんなことはなかった、昔はしっかりした社会だった〉と考え、昔のような価値観、たとえば〈上の者に忠実に〉だとか〈親孝行〉だとか、つまり〈既成の価値観〉の回復を望みます。だから傍線部は、〈昔の価値観をもう一度現代に取り戻すことを望む〉という意味です。問題文の「国を憂れうる」という「政治家」たちがその例です。

ところでこれも**問四**と同じ、「どういうことか」という設問です。傍線部**5**に忠実な選択肢がいいのですから、傍線部の「幽霊」を「過去にあった価値観」とイイカエ、「出現を……期待する」ことを「再構築（＝もう一度築く）をはかろうとする」と説明している①が正解です。「再」と表現したのは、過去にあった価値観をもう一度「出現」させようとしているからです。

②「個人の信頼に基づいた新しい価値観」は、「既成」の「価値観」ではありませんから、「幽霊」のイイカエにはなりません。③の「政治家や教育者」が傍線部の主語で、彼らが「幽霊」を望んでいる、ということを説明する必要があるのですから、彼らを非難するような内容の

③チョイマヨは、筆者の考えではあっても、傍線部と対応してませんから、解答にはなりません。④は、傍線部の「期待」をもつ人たちがするかもしれないことです。でも問題文にはこんなふうに「追及」するとは書かれていません。それに傍線部の「幽霊」をきちんとイイカエていないので、傍線部の内容説明問題の選択肢を選ぶ基準からすると、ブーとなります。⑤のようなことを行うのは「政治家」らではなく、逆にイプセンのような立場の人なので×です。

解答 ①

問八 空欄補充問題

空欄**D**を含む一文は前の傍線部**5**を含む文の内容を受けたものです。それは文脈を転換するような接続語がないからです。傍線部**5**のような「期待」をもつ例が「国を憂れうる」「政治家」でした。すると、彼らが「幽霊（＝既成の価値観）」よ、もう一度っていっているぞ、という傍線部**5**のような状況に対して、「われわれ（筆者を含む）」がどう反応するかを考え、空欄にその判断の内容を入れればいいのです。

こうした政治家らの言動に対して「怠慢」だという筆者は、当然のことながら彼らに批判的です。「幽霊」に刃向かったのが「イプセン」でした。だから筆者は「イプセン」を支持する立場にあるはずです。

政治家⇔筆者≒イプセン

すると「幽霊」を退治するために、「イプセン」のような人物が現代にも必要だと筆者は考えるはずです。正解は、そうした内容になっている③です。

①を空欄に入れると、「彼ら」は「『幽霊』の出現を声高に期待する人たち」＝政治家らを指すことになります。すると、「幽霊」に「期待」する「彼ら」が「幽霊を恐れる」人たちとイコールになります。これはムチャクチャですね（「彼ら」は人間を指しているので、「彼ら」＝「幽霊」ではありません）。それに「われわれ」＝筆者を含む側は「彼ら」と対立するのですから、「彼ら」に「同情」なんかしません。②は「イプセンが生きえない」とする根拠が問題文にはないので、正解にはできません。弾圧を受けた時代でも「イプセン」の作品は生き延びたのですから、目に見える抑圧のない「現在の日本」で「イプセン」が「生きえない」という理屈は成り立ちません。

④は「彼ら」を「笑う」だけでいいと筆者は思うか、と考えてみましょう。空欄**B**のあとには現代日本の風潮に対する不安が読み取れます。そもそも「笑う」だけなら野次馬、そばで見ているだけの傍観者です。自分が傍観者でいいなら、政治家たちを「怠慢」だと批判することもできないでしょう。なのでこれも正解だとする根拠をもたない選択肢です。⑤チョイマヨが少しややこしいです。「イプセン」は、社会がダメだから、批判したわけです。もしよい社会なら「イプセン」は登場する必要がない。つまり「イプセン」が必要な時代はダメな時代であり、「イプセン」を必要とする時代であってはならない、とも考えられます。それと同じことを⑤がいっていると読むと⑤が正解に見えます。でも「再び戦争を許してはならない」という表現が「戦争」を否定しているように、「再びイプセンの存在を許してはならない」といういいかたは、「イプセンの存在」を否定していることにもなり、「イプセン」を支持する筆者の立場と食い違うことになります。その点でやはり③のほうを正解にすべきです。

ムズ 解答 ③

どうでしたか？　人気のある「G─MARCH」や立命館・関大レベルは超えられそうですか？　「よし、やれるぞっ！」って感じになったら、早大・上智・同志社・関学レベルにも挑戦してください。